目次

第1章 べ・ニ・ミ・ン 矢島 光

第2章 「給費制」のこれまでとこれから 児島貴子(ビギナーズ・ネット 弁護士)

第3章 給費制の意義と貸与制の弊害

第4章 ビギナーズ・ネットの紹介/当事者の声

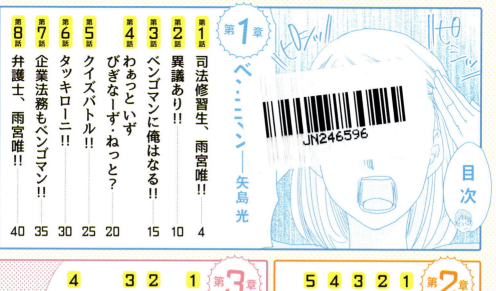

法律家を目指す私たちの想い

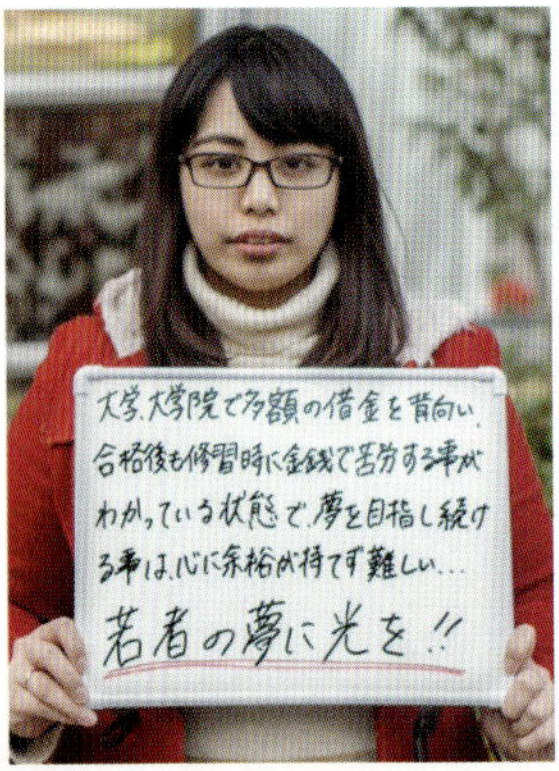

第1章

ベンゴマン

画　矢島　光

第1話◇司法修習生、雨宮唯!!

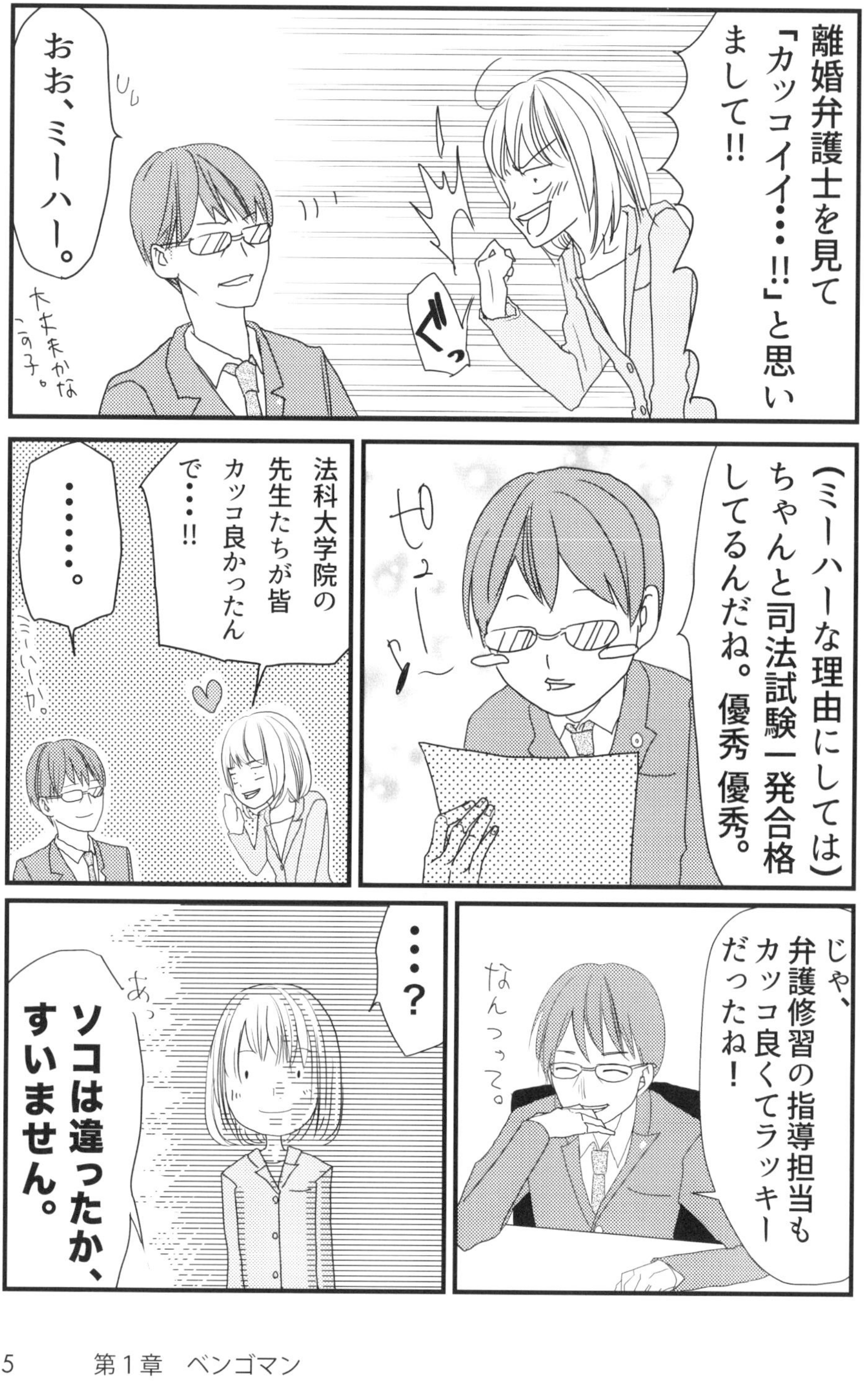
離婚弁護士を見て「カッコイイ•••!!」と思いまして!!
ぐっ
おお、ミーハー。
大丈夫かな この子。
(ミーハーな理由にしては)ちゃんと司法試験一発合格してるんだね。優秀 優秀。
法科大学院の先生たちが皆カッコ良かったんで•••!!
••••••。
ミーハーか。
じゃ、弁護修習の指導担当もカッコ良くてラッキーだったね!
なんつって。
•••?
あっ
ソコは違ったか、すいません。

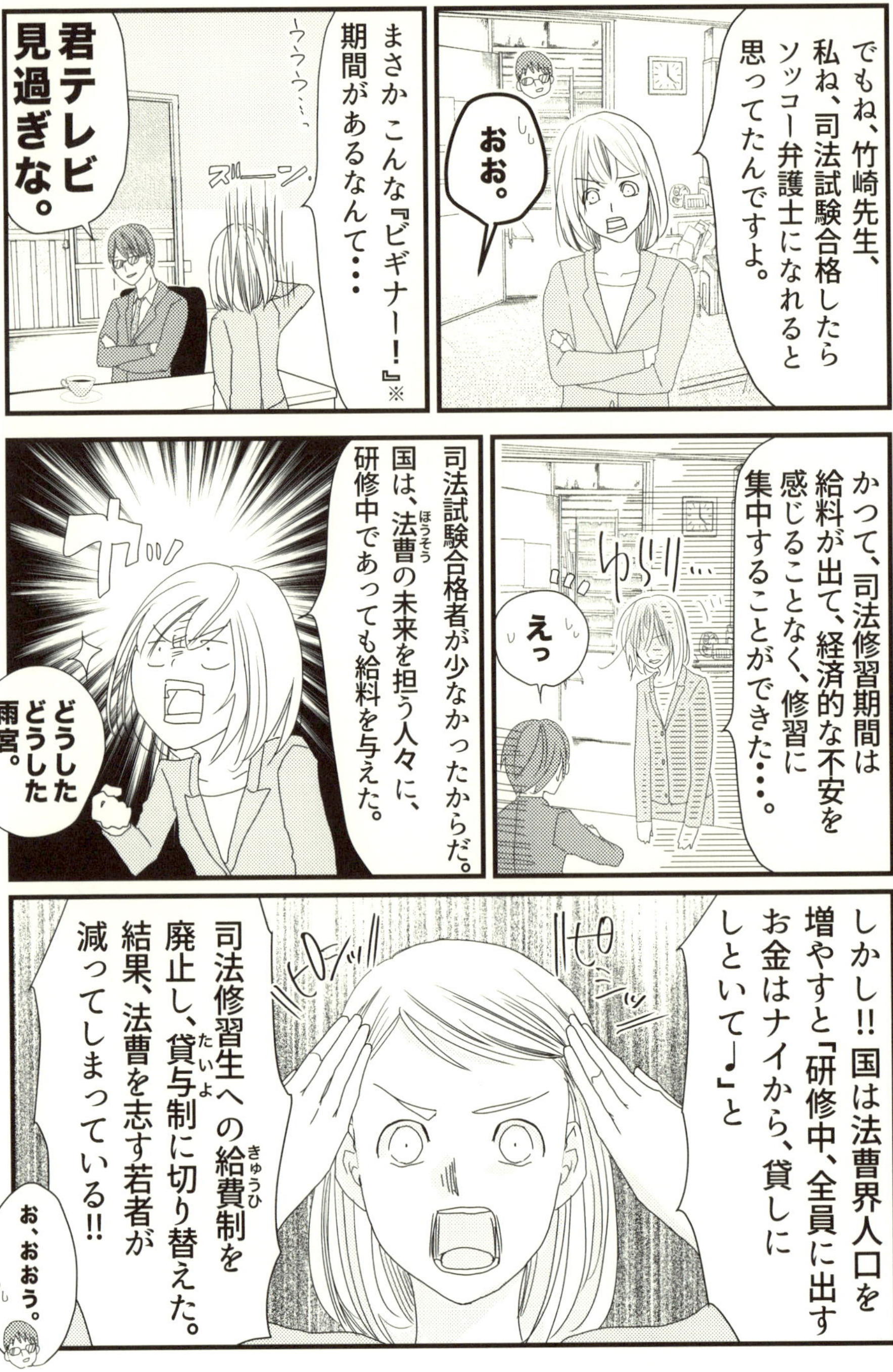
でもね、竹崎先生、私ね、司法試験合格したらソッコー弁護士になれると思ってたんですよ。
おお。
まさか こんな『ビギナー！』※期間があるなんて・・・
ズーン
君テレビ見過ぎな。
かって、司法修習期間は給料が出て、経済的な不安を感じることなく、修習に集中することができた・・・。
えっ
司法試験合格者が少なかったからだ。国は、法曹《ほうそう》の未来を担う人々に、研修中であっても給料を与えた。
どうしたどうした雨宮。
しかし!! 国は法曹界人口を増やすと「研修中、全員に出すお金はナイから、貸しにしといて♪」と
司法修習生への給費《きゅうひ》制を廃止し、貸与《たいよ》制に切り替えた。結果、法曹を志す若者が減ってしまっている!!
お、おおう。

※『ビギナー！』…司法試験（旧司法試験）合格後の司法修習期間で奮闘する人々を描いたテレビドラマ。

だが!!
かつての法曹の意地と尊厳を取り戻したいのなら!!
うん
うん
これは
深い傷を負うことを覚悟して、法を変えに行かねばならない!!
くいっ
戦うとはそういうことだ!!
リーガルハイ
正解!!
・・・!!
くいっ
似てる似てる。

テレビドラマへの憧れだけで、よくまぁ司法試験に合格し、修習まで辿り着いたね。評価しよう。
くいっ
そのミーハー根性で君が弁護士としてどこまでやれるか見物だよ。司法修習の貸与制で抱えた国への借金返済中にうっかりのたれ死なないことを願ってやみません。以上です。
パラリ
古美門先生!!
ばんっ
竹崎です。
もういいから書面作りやってくんないかな?

〝ベンゴマン〟にインタビュー①

弁護士　**神　洋明**

光和総合法律事務所
東京都港区赤坂4-7-15 陽栄光和ビル
TEL 03（5562）2511

【プロフィール】昭和47年 中央大学法学部卒業／昭和54年 弁護士登録／平成12年 第一東京弁護士会副会長・日弁連常務理事／平成14年 日弁連刑事法制委員会委員長／平成16年 日本公認会計士協会倫理委員会外部委員／平成19年 警察庁警察大学校非常勤講師／平成20年 日弁連刑事拘禁制度改革実現本部事務局長代行／平成26年 第一東京弁護士会会長／著作：『弁護士の値段』（共著・朝日新聞社）『変革の中の弁護士（下）』（共著・有斐閣）『コンピューター犯罪と現代刑法』（三省堂）

Q　普段はどんなお仕事をされていますか？

社外役員に就任する等の会社法務のほか、一般民事事件、家事事件などを受任する傍ら、刑事事件も積極的に受任しています。過去に扱った刑事事件の中には、BSEに罹患した国産牛の国の買上げ事業を悪用した牛肉偽装詐欺で、実行犯が行った詐欺行為に直属の上司である役員も関わっているとして起訴された事件において、一審で実行犯の引き込み供述の信用性が否定されて無罪となり、検察も控訴を断念したという事件があります。会社関係では、闇社会のフィクサーによる手形詐欺事件を受任し、169億円余の手形金請求事件において、手形訴訟では敗訴したものの、その後の一審、控訴審、上告審を通じて、完全勝訴をしたという事件があります。

Q　給費制問題についてどのようにお考えですか？

修習専念義務を課しながら、生活費等を貸与で賄わせる制度は間違っています。最近では法曹志願者も極端に減少しています。優秀な法曹を確保できなくなれば司法の危機です。一刻も早く、給費制を復活させるか、少なくとも修習に専念できるだけの修習手当が支給されるべきだと考えています。

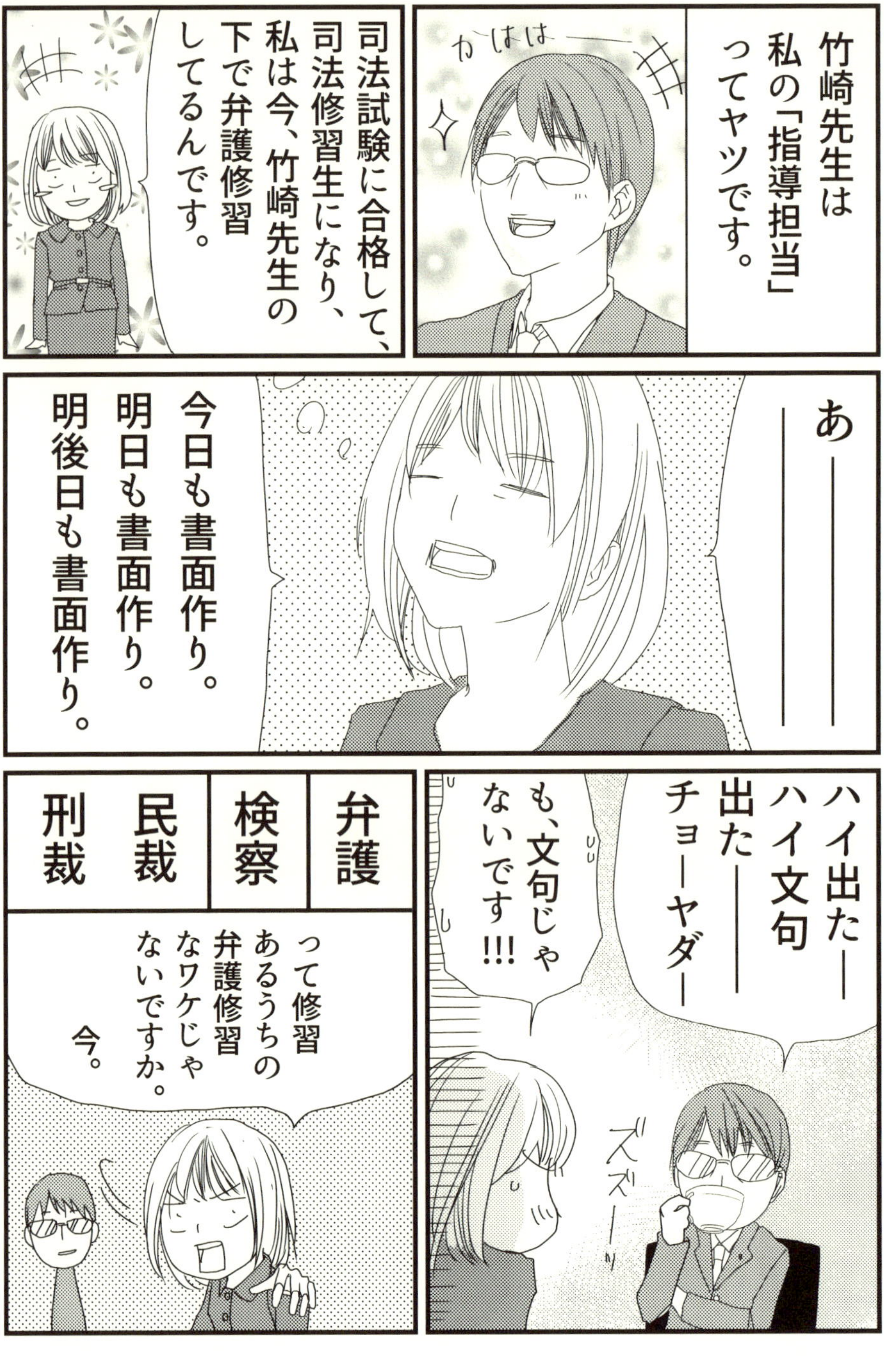
竹崎先生は私の「指導担当」ってヤツです。
かはは――
司法試験に合格して、司法修習生になり、私は今、竹崎先生の下で弁護修習してるんです。
あ――――
今日も書面作り。明日も書面作り。明後日も書面作り。
ハイ出たー
ハイ文句出たー――
チョーヤダー
も、文句じゃないです!!!
ズズー
弁護
検察
民裁
刑裁
って修習あるうちの弁護修習なワケじゃないですか。
今。

竹崎先生が法廷で「異議あり!!」
って言ってるの見たいじゃないですか。
ほー
弁護士そんな四六時中裁判してるワケじゃないからね。
おいしいお茶飲むのも仕事よ。
それと、僕「異議あり」って言わないから。
えっ
僕のは
「異議」
ってだけ言うパターン。
スッ
へ———!!

かっこいいー！私も弁護士になったらソレまねしたいです！
わーっ!!
うん、いいよ。
「異議！」
うんうん。
「異議！」
うんうん。
シュバッ
シュバッ
いいね。そうやって弁護士になったらやりたいことがあるのは。
えへへ・・・
・・・となると、雨宮はやっぱ企業法務向かないかなぁ。

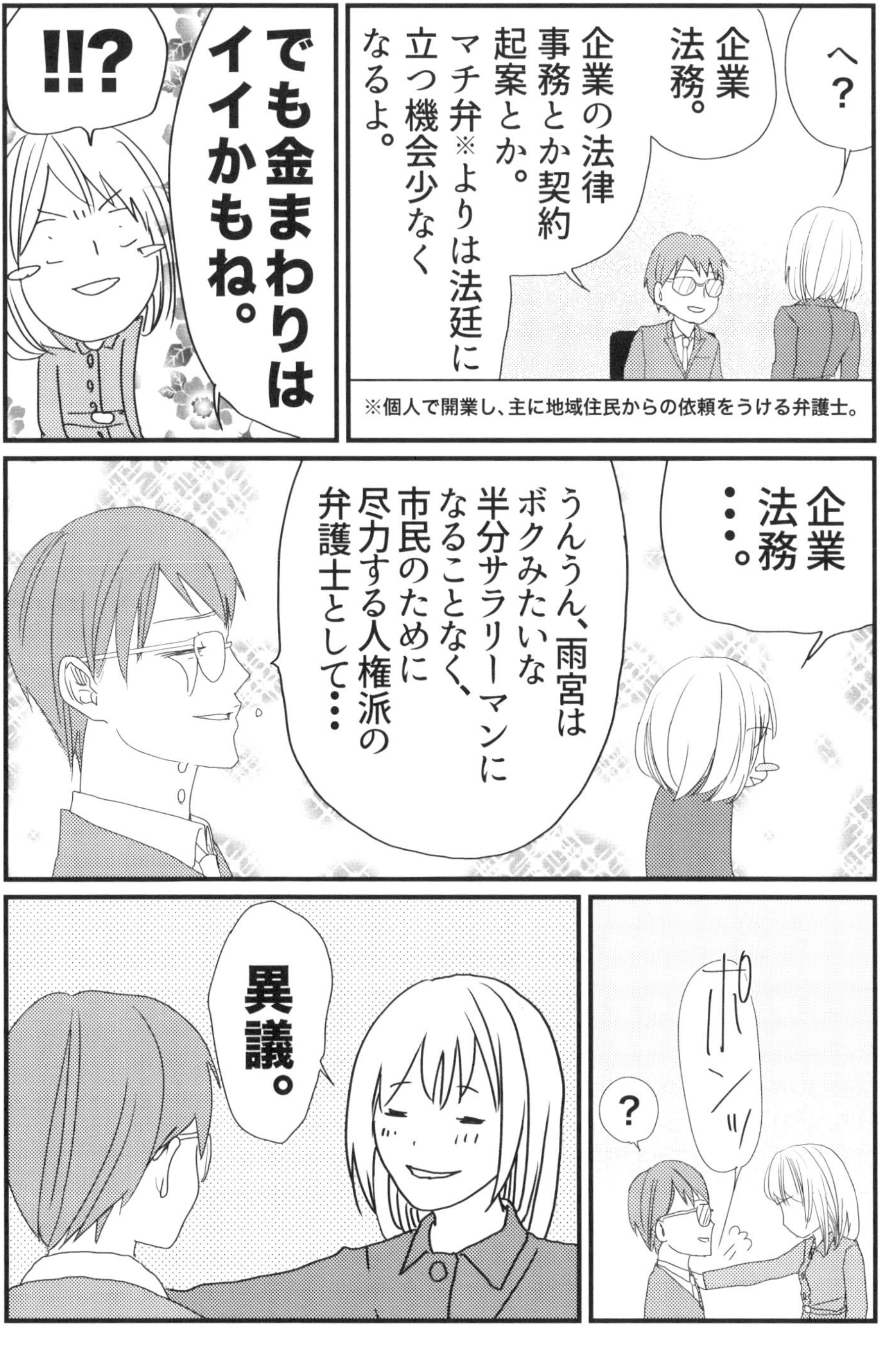

へ？
企業法務。
企業の法律事務とか契約起案とか。マチ弁※よりは法廷に立つ機会少なくなるよ。
※個人で開業し、主に地域住民からの依頼をうける弁護士。
でも金まわりはイイかもね。
!!?
企業法務・・・。
うんうん、雨宮はボクみたいな半分サラリーマンになることなく、市民のために尽力する人権派の弁護士として・・・
ポンッ
?
異議。

〝ベンゴマン〟にインタビュー②

弁護士　石井誠一郎

ひかり総合法律事務所

広島市中央区上八丁堀8番8号第1ウエノヤビル9階

TEL 082（228）3637

【プロフィール】広島修道大学法科大学院卒業／平成20年　広島弁護士会登録（61期）

Q　普段はどんなお仕事をされていますか？

一般民事では離婚・相続・交通事故・労働事件となんでもやっています。また刑事事件は、弁護士として当然やるという気持ちでやっています。

弁護団としての活動は、予防接種等によるB型肝炎訴訟（弁護団）、衆議院・参議院定数是正訴訟（原告・代理人）、生活保護基準引下げ処分取消訴訟（弁護団）、給費制廃止違憲訴訟（弁護団）に取り組んでいます。

これまでやってきた仕事の中では、平成25年3月に、戦後初めて国政選挙における選挙無効判決が出たのが印象に残っています。初めての事件や難しい事件に取り組むのが好きで、これからも好き嫌いせずにどんな事件でもやっていきたいと思います。

Q　『ベンゴマン』はいかがでしたか？

私も修習担当の先生が、単に「異議」と言っていたので、自分もそう言うようになりました。弁護士になる前に持っていた弁護士に対するイメージは、ふんぞり返って偉そうなイメージでしたが、実際の弁護士は、腰が低いと感じるし、昼飯は牛丼やコンビニ弁当を食べているところがギャップでしたね（笑）。他にも、弁護士は、年齢や期に関係なく、「先生」と呼び合うので、名前を忘れたときに便利ですね（笑）。

Q　給費制問題についてどのようにお考えですか？

給費制の問題には、貸与制が前提だった64期を復活させる運動から取り組んでいます。広島弁護士会の主催で市民集会やデモもやりましたし、65期の給費制廃止違憲訴訟は最初から関わっています。給費制の廃止は、インフラとしての司法制度を破壊するものだと思いますから、自分自身の問題と考えて取り組んでいます。

第3話◇ベンゴマンに俺はなる!!

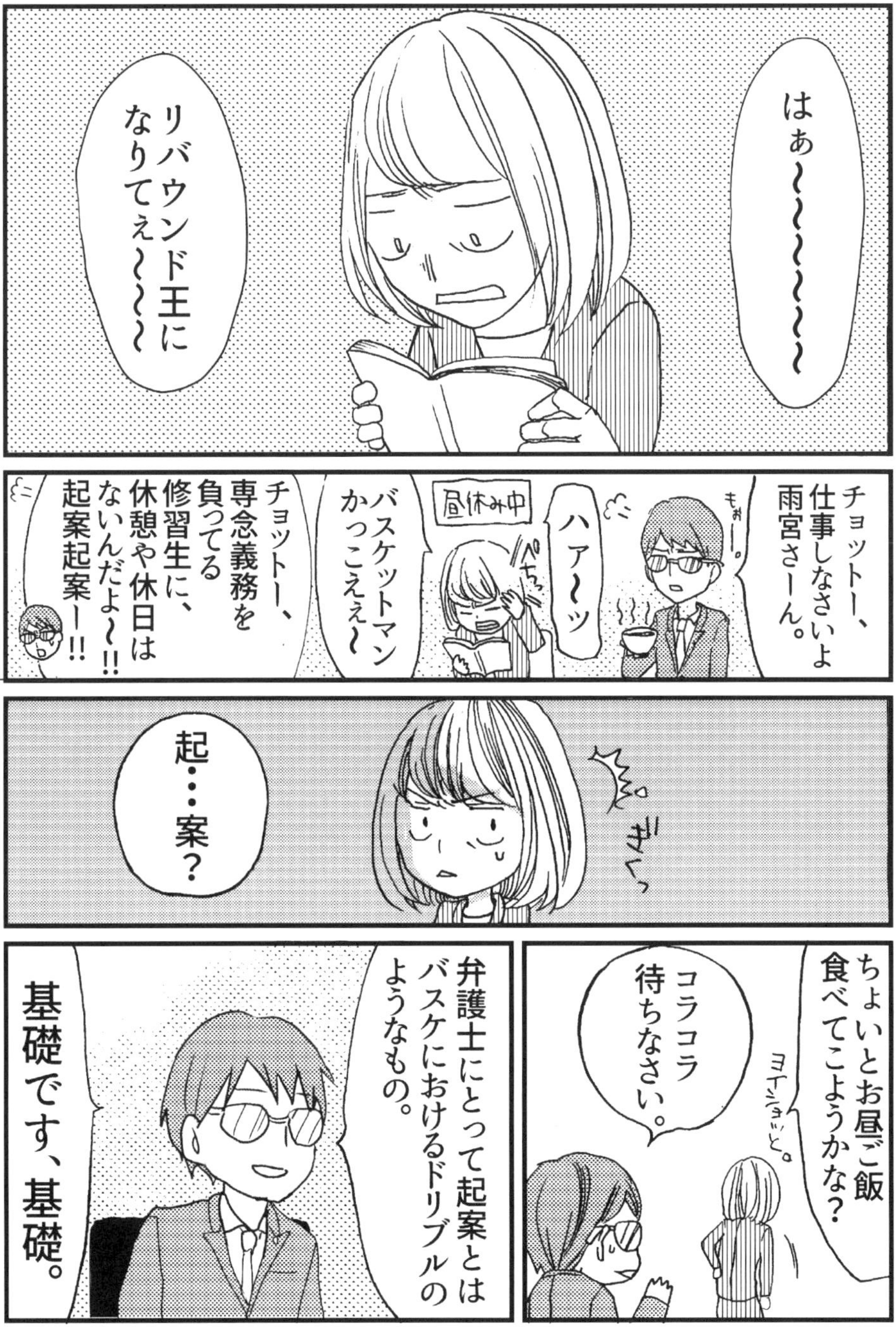

ドラゴン〇ールでいうカメハメ波、幽〇白書でいう霊丸、
ワン〇ースでいうゴムゴムのピストル。
めっちゃジャンプっ子じゃないですか。
さあ!! 雨宮さん、桜木になりたいのなら、今すぐ起案よ!!
がけっぷち。
ノるねぇ、竹崎先生。
雨宮さんのためだよ。
ス、スマセン。
だってもー、ホント、起案、難しすぎるんですよ。弁護士の先生たちみんな、ドリブルみたいにバーっとやってるけどもー!!
修習生はとてもそんな風にはできないですヨ。
ぺちっ
ちなみに起案とは「書面作り」のことです!!
書面といっても内容証明や答弁書など、様々な種類があります。
多くは裁判官に自分たちの主張を理解してもらうためのラブレターのようなもの
なんだけどさ!!

書くラブレターの種類多すぎるんですヨ!!

ドスッ
都度 書式集とか判例読まなイカンわけじゃないですか!!

そだね〜

私はそんな起案《ドリブル》よりも「異議あり!!《スラムダンク》」がしたいんだーっ!!

雨宮さん、少し厳しいことを言いますけどね、そんな心持ちじゃバスケットマン・・・いや、
ベンゴマンになれないっすよ。

ベンゴマン!!

ベンゴマンの基盤は他でもない起案力!! こいつなくして試合《法廷》には出られませんからね?! 交渉力や尋問力なんてものは起案力あってこそのスキルな訳ですよ!!

ベンゴマン3大スキル
◎起案力
・交渉力
・尋問力

な、なるほどですねー!! アツいっス竹崎先生ー!!
アツすぎて若干キャラ変わってるもんねー!!
わかったらさっそく起案!! ちゃんと添削しちゃるから!!
ペンゴマンに俺はなる!!
ガガガガガガガガガガ
うわあああああ!! 起案ー!!
構成と読みやすさのことだけ考えて書くんだ!!
ハイ!!
うおおおおおおお、竹崎先生!!
できました!!
おっ
見ようか。
ゴリになってる!!

〝ベンゴマン〟にインタビュー③

弁護士　柴田　収

岡山テミス法律事務所

岡山市北区磨屋町1－6岡山磨屋町ビル3階

℡ 086（206）3650

【プロフィール】平成21年12月　弁護士登録／秋山義信法律事務所入所／平成24年8月　岡山テミス法律事務所設立

Q　普段はどんなお仕事をされていますか？

離婚事件に注力しており、その中でも、特にDV被害対応を要する事件を多く取り扱っています。保護命令や子どもの引渡し保全申立て等、迅速性が要求される事案については、時間外でも対応しています。また、単なる法的アドバイスにとどまらず、依頼者の心理的不安に対するケアも含めて対応することを心がけています。

離婚事件は、手間がかかる割にあまり利益がないと言って敬遠する弁護士もいるようです。しかし、弁護士が大変と思う事件は当事者にとってはもっと大変な事件なのですから、きちんと受任して対応すべきだと思っています。

Q　『ベンゴマン』はいかがでしたか？

「交渉力や尋問力は起案力あってのスキル」という言葉はその通りだと思います。実務では、試験とは異なり、前例のない事項についても主張立証しなければなりません。そのためには、求める権利の根拠は何か、立証のためにどのような証拠が必要かを考える必要があります。

Q　給費制問題についてどのようにお考えですか？

修習は、基礎中の基礎を固めるとても大事な時期です。貸与制の下、修習を負担と感じ、修習が不要という意見すら出始めているようですが、法曹としての基礎を固めるための修習に専念できるよう、給費制を復活させてほしいと思います。

第4話◇わぁっと いず びぎなーず・ねっと？

君たち、そんな活動してるヒマがあるなら修習に血肉を削りなさいよ!!
いきなりイヤな上司になった!?
コノヤロー!!!
だって「若手ネットワーク」とか言うから!!
そんなこと?!
はいはい、すいませんすいません。Tシャツあげるからスネないでください。
ううう、ダサい…
まっさお
モー!! なんなんスか!! 文句言わないで!!
ごめんなさいっ
うん!似合ってる。
さすが細身

さ、集会でも何でも行くぜ?

キラーン
なんせ私は若手…

もう終わったよ!

深夜にテンション上げないで下さいよ!!!

ちょっと悪ノリしただけじゃん…

しゅん…

す、スミマセン!!

集会以外にも議員さんに直接話しにいったり、
議員会館の前で朝早くからチラシ配ったりしてるよね。

知ってんじゃないですか!!

なーんだ!!

当然。

ズズー…

2011年以降、毎月20万円の給与がなくなって、経済的な不安を抱える修習生は増える一方だ…。

難関試験を突破するために多くの時間とお金を費やしたにもかかわらず、
さらに修習中も事実上借金を強制されるという時間的・経済的な負担の重さ。これに加えて弁護士の就職難。

その結果、法曹志望者は激減してしまった。このような惨状から若者を救うため、私たち若手じゃない弁護士………

ゴホンッ…若手じゃないって言うか、その…給費制だった時の弁護士？
うん
もう。わかったわかった。若くいたいのはわかった。
給費制だったときの弁護士たちだって、チカラを貸しますよ…!!
法を変えることは容易いことではないですが、一丸となってこれからの法曹界を良くしていきましょう
竹崎先生…
サスガ…
そうやって下を育てていかないと
私たちの仕事が減らないからさ…!!!
レッドブル
……。
竹崎市民法律事務所
お疲れ様です…

“ベンゴマン”にインタビュー④

弁護士　種田　和敏

城北法律事務所

東京都豊島区西池袋1丁目17番10号エキニア池袋6階

TEL 03（3988）4866

【プロフィール】東京大学法学部卒／成蹊大学法科大学院修了／平成23年　弁護士登録（新64期）／著作：『だけじゃない憲法』（猿江商會）

Q　普段はどんなお仕事をされていますか？

私は、労働事件や借地借家の事件を多く取り扱っているほか、民事事件一般を取り扱っております。

弁護団事件としては、給費制廃止違憲訴訟において、貸与制に変わって将来困窮するおそれのある後輩弁護士を救うべく全国弁護団の事務局長を務めております。

地域事務所の特色として、特定整備路線補助26号線事業認可取消請求訴訟の事務局を務めております。国が70年も前の都市計画決定に従い事業認可をしたのですが、この道路が通ると板橋区にある有名な大山ハッピーロード商店街が分断されることになります。商店街の付近の住民が原告となった訴訟です。

Q　給費制問題についてどのようにお考えですか？

私は、新64期なので給費を受けた最後の修習生となります。実は、新64期から貸与制への移行が既に決定されていたのですが、市民の皆様や先輩弁護士、私たち当事者が一丸となって運動を展開した結果、私たちが司法修習に入る直前に給費制が1年延長されました。私は、給費を受けた者として、また1年間しか給費制を復活させられなかった当事者として、後輩法曹やこれから法律家を目指す者の力になりたいと感じ（もちろん、彼らの力になることが、ひいてはこの国の人権を向上させ、市民の皆様の生活が豊かになるものとも感じています）、多くの先輩弁護士と共に給費制廃止違憲訴訟に加わり、またビギナーズ・ネットの活動にも参加しています。「給費制だったときの弁護士たちだって、チカラを貸しますよ……!!」、私も竹崎先生と同じ気持ちです。

第5話◇クイズバトル!!

おしりを触られた場合どんな罪が成立するでしょーかっ？
!?
いきなりどうしたんですか、竹崎先生。
君の力量を試しているのだよ司法修習生。
迷惑防止条例《めいわくぼうしじょうれい》ですね。東京都でいうと5条1項違反になります。
『何人も正当な理由なく人を著しく羞恥させ』ってところです。
6か月以下の懲役又は、50万円以下の罰金が科せられます。
おおお、いいね。さすが司法試験一発合格！
ふはは！
じゃあ次私！
「恐喝《きょうかつ》」と「強盗《ごうとう》」の違いってなーんだ？
ほう。
生意気な。

反抗抑圧《はんこうよくあつ》の程度の違いによって決まります。
たとえば、道を歩いていて「金を出せ！」と、脅された。このとき、恐喝なのか、強盗なのかはどの程度お金を出さざるを得ない状況だったのか？によりますね。
楽しくなってきた
よくわかりません。
えっ
司法試験やり直す〜
か弱いお姉さんがプロボクサーにバット持って「お金出しなさい！」って脅した場合
イメージ図
お金出しなサイッ!!
最強
恐喝にもなり得ないのでは。
まー例えばですよ。
恐喝か強盗かっていったら恐喝になる可能性が高いよね？
逆に、プロボクサーがか弱いお姉さんにバット持って「金出せよ」と脅した場合。
そ、そんなの、強盗どころか、それ以上の何かが起こりそうな予感しかしないっていうか・・・!!
「恐喝か強盗かっていったら」の答えが欲しいです。

スミマセン
うむ。
では次。
まだやるんだ
貸与制によって司法修習生が無給での修習を強いられている現状について、
法律家になる者としてどう思う？
司法修習は、国民の生命、自由、権利を扱う法律家の質を担保するため、国により義務づけられている制度です。それなのに、私たち司法修習生が一年間の無給状態を強いられるのはどう考えてもおかしいと思います。
おっ
ガチだ。
しかもバイトも原則禁止ですよ?!
ひどい話ですよっ！

私たち当事者は従うしかないけど、おかしいものはおかしいと言いたい。法律家になる者として、この気持ちは曲げたくありません。

うーん
やりますね。

本当に、一刻も早く給費制を復活させないといけませんよね。

がんばろう。

はい。

では、最後に私からもうひとつ。

私の借金いくらでしょーか？

0円♡

無視。
※唯は650万円★

〝ベンゴマン〟にインタビュー⑤

弁護士　中島　順隆
千葉第一法律事務所
千葉市中央区中央2-9-8千葉広小路ビル7階
TEL 043（224）7366
【プロフィール】平成24年　神戸大学法科大学院卒業／平成26年　弁護士登録

Q　普段はどんなお仕事をされていますか？

刑事事件、とりわけ、少年事件を主に扱っています。その他にも債務整理、家事事件、交通事故、貸金請求事件等も扱っています。少年事件においては、手続の中で自分の意見を適切に伝えることができない子どもに意見を言うためのお手伝いをしたり、もし非行を行っていることが間違いないのであれば、今後どのようにしたら非行を行わずにきちんとした生活を送ることができるのか、本人の内省を促したり、非行の原因となった環境を調整するような活動をしています。

Q　給費制問題についてどのようにお考えですか？

少年事件は、将来の日本を支えてくれる子どもを導く手伝いをする大切な仕事です。他方、お金になるかと問われれば、お金にはならない仕事だと思います。

弁護士が扱う仕事の中には社会的意義がありながら、お金にならない事件がたくさんあります。そのような事件に取り組む弁護士が必要とされているのは事実です。このような仕事に取り組むためには、弁護士自身がお金に不自由するということがあってはなりません（貧困問題に取り組む弁護士が貧困であってはならないのと同じ理屈です）。しかし、今の司法修習制度では、負債を抱えたまま（貸与を受けていない人も蓄えのないまま）弁護士になるということがほとんどではないでしょうか。このような制度で、弁護士が社会的に意義のある仕事に取り組むことができるのでしょうか？貸与制を前提とした司法修習ではこのような社会的意義のある仕事に取り組む多くの弁護士を育てることはできず、それは市民社会の崩壊につながりかねないと考えています。

第6話◇タッキローニ!!

やぁ、東京出張だったから顔見にきたよ。
久しぶり竹崎。
タッキローニ…!!
た、タッキローニ…?
北海道で僕を無理矢理すすきのデビューさせた大学の同期。
おまえが行きたいって言ったんだろ
タッキローニ。
修習生の雨宮唯デスッ
竹崎先生もすすきのとか行くんだ。
修習生か。つまんないでしょ竹崎って。
タッキローニ。
あはは、ごめんごめん。
なつかしいなぁ、司法修習。
タッキローニ先生のときは
ギリギリ給費制。
アクティブに活動してたみたいだよ。
そうだね、モテたし。
なんかワカル。
大学から新人弁護士時代まで常にキラキラしてそうだなぁ、タッキローニ…。

「常に」ってことはないですよ、やっぱり。
修習を境にしてどんどん鍛えられていきましたよ。
なんせ新人のときは
最高裁※に2回も行きましたからね。
さ、最高裁に
2回?!
それも別の事件でね。
竹崎先生最高裁いくのってそんなにスゴいんですか?
すごいよ。俺だってないよ。
一生に一度あるかないかのレア度だね。
すごい、行ってみたい。
ボス弁についていったんだけどね。

費用弁償の事件だったんだけど
こんな若造なのに最高裁行っていいんだ!?って思ったよ。
↑最高裁判所(カッコイイ)
ひいっ!!
?
たたた竹崎先生! わわわ私そんな最高裁だなんて
落ち着いて。
大丈夫大丈夫。
タッキローニ先生!
学生と新人弁護士のギャップをうめるための司法修習でしょう。
修習があったから、私は最高裁でなんとかやれてたんだよ。
タッキローニ先生!
もう仲良くなってる。
わいわいわい

数日後
タッキローニ先生〜〜
札幌ポラリス法律事務所
こんにちは〜!! 札幌に訴訟見学に来たので、寄ってみました!
ファンか。
お〜ようこそ。
竹崎もいるの?
いちゃダメですか?(笑)
ちょっと待ってね。キリのいいところまでやっちゃいたいので。
忙しそうですね。
瀧澤先生は明るくて話しやすいからいつも相談が絶えないみたいだよ。
私もそんな弁護士になりたいです。
がんばらなくちゃね。
うむ。

“ベンゴマン”にインタビュー⑥

弁護士 川上 大雅

札幌北商標法律事務所
札幌市北区北23条西8丁目coneco bld. 1F
℡011（700）0700
【プロフィール】平成19年3月 北海道大学法科大学院卒業／平成20年 札幌弁護士会登録／平成26年12月 札幌北商標法律事務所開設

Q 普段はどんなお仕事をされていますか？

事務所には、ギャラリーとコーヒースタンドが併設されています。ギャラリー業務を普段は中心に行っており、いろんな面からアーティストをサポートできたらいいなと考え、仕事をしています。裁判所に行く日も、そんなに多くないですし、一般的にイメージされるような弁護士とは少し違っているかもしれません。

もちろん、一般的にイメージされるような法律家っぽい仕事もしています。企業相手の仕事が多く、日常の困りごとまで様々な相談を受けています。商標出願などの知的財産に関わる仕事もしています。商標の出願を契機として、企業自体のブランディングに関わることもあります。

Q 『ベンゴマン』はいかがでしたか？

第6話は、札幌の瀧澤という弁護士がモデルのようです。彼に会うたびに「事務所の描写がリアル」などと気にしていました。そこはだれも気にしないのにな、自分のこと大好きなんだなと思いました。そこも含めてタッキローニだと思いました。唯ちゃんが今後竹崎先生とお付き合いをするのかどうか、気になります。

Q 給費制問題についてどのようにお考えですか？

登録間もないときから給費制の問題とは離れたくても離れられずに活動を続けて来ました。札幌弁護士会で議員要請をする際の説明ツールを作ったり、実際に議員さんに会いに行ったりしてきました。要請の回数は数え切れないほどになってきています。途中で投げ出さないで最後までやることを普段から大事にしています。この問題が解決するまでなんとか見届けるため、これからも活動を続けていきたいと思っています。

第7話◇企業法務もベンゴマン!!

お忙しいのに、勉強会にいらっしゃるなんて熱心なんですね・・・!!
乙女チック雨宮
・・・。
皆さん割と行ってるんじゃないですかね、月1・2回くらいは。

雨宮さんは企業法務に興味があるの？

いや、正直興味どころか何もわかってないくらいなので、今日来れてよかったです！

まじめだ
木川先生は・・・？

企業法務や離婚や、ペットの民事事件をやってるよ。

企業法務って具体的に何をしてるんですか・・・？

雨宮ずいぶん積極的だな。

うーん、そうだな、企業の契約書レビューとか、社長さんや法務部の方へのアドバイスとか。

木川先生、ダルかったらスルーしてね？

つぶれかけた会社の再生計画を一緒に考えて
立て直したり、とか。

竹崎先生、だめだ
トキメキが隠せない。
マジかっこいい。
スミマセン木川先生。
この子ミーハーで…。
いえいえ。
雨宮さんはなんで弁護士になろうと思ったの？
ああ、この子ねドラマの離婚弁護士
幼少の頃…！
祖父の家について大家さんとモメたとき
担当してもらった弁護士さんが頼りなくて退去せざるを得なかったことがあって
「私ならこんな風には…！」って悔しさがきっかけで。
雨宮さん…!!
偶然だなぁ、まったく同じ理由だよ!!
えっ

嬉しいなぁ
雨宮さんとは仲良くなれそうだよ
収入面を理由に、法曹を志す人が減ってるってネガティブな話を聞くこともあるけど、僕はそのような理由で法曹への道を諦めてほしくないな。

まぁでも給費制が復活して余計な借金をしない方がイイとは思うよ、もちろん!!

人から頼りにされて、やりがいを感じながらお金がもらえるなんて、弁護士って素晴らしい仕事だと思わないかい？

竹崎先生、木川先生が立派すぎて私・・・!!

？

仲良くしてもらえよ～

“ベンゴマン”にインタビュー⑦

弁護士　纐纈　和義

纐纈法律事務所
名古屋市中区丸の内3-20-6 豊友ビル7階　TEL052（971）3998

【プロフィール】京都大学法学部を卒業し、第31期司法修習を経て昭和54年弁護士登録。昭和59年纐纈法律事務所開設。愛知県弁護士会司法問題対策委員会委員長、同広報委員会委員長、日弁連・中弁連理事等を歴任し、平成24年度愛知県弁護士会会長・日弁連副会長。平成25年より愛知県弁護士会給費制復活緊急対策本部本部長代行。その他、多治見市監査委員、ユニー株式会社社外監査役等。／著作：「法曹人口抑制論（適正化）の根拠と背景」（法律時報2014年8月号掲載）

Q　普段はどんなお仕事をされていますか？

少し前までは保険会社の仕事を多く扱っておりました。今は、顧問先からの相談や、契約書のチェック業務が多いのですが、会社の不祥事対応や客先とのトラブル対応もあります。つい先日、偽造カードで外国人に爆買いされた会社から相談を受けまして、なんとか被害を食い止めるため倉庫業者を突き止め、商品が相手にわたってしまわないよう交渉しています。他にも、離婚や遺産分割などの家事事件も扱っています。

Q　給費制問題についてどのようにお考えですか？

弁護士の仕事にやりがいがあることは間違いありません。また、弁護士は、市民の皆さんに信頼される、誇りのもてる職業でなければなりません。

人材は国家の財産です。そして、この国の三権分立の一翼を担う司法の担い手を国が育てるべきことは当然です。それなのに、給費制を廃止して導入した「貸与制」などという無給制度は、あえて言わせてもらえば「バカヤローな制度」です。経済的事情で法曹への道を諦める人が現に多数出ています。こんな不公正・不合理な制度を我々法曹界が放置しては、市民は法曹界に失望するのではないか。ひいては弁護士への信頼が失墜し、弁護士という仕事が誇りのもてる職業ではなくなるのではないか、と危惧しています。

このような制度は即刻廃止し、給費制を復活させましょう。

第8話◇弁護士、雨宮唯!!

10年後
異議。
誘導尋問です。
異議を認めます。
検察官
質問を変えてください。
お疲れ様雨宮さん。
竹崎先生!!
傍聴席で見てましたよ。
えー!
嬉しいです、ありがとうございます!
そちらの方は?

司法修習生の深山です。
雨宮さんも修習生を取るようになったのか・・・!!
そうなんですよ〜♡
給費制が復活してから、法曹を志す人が増えてるみたいですね。
本当に良かったです。
ところで
雨宮さんて貸与制のときの借金、まだ返してるんですよね?
うんうん。
そうだよ!!「徳政令出してくれ!!」って心の中で叫びながら返してるよぉぉぉ!!
うぉぉぉぉぉっ
大変ですね。乙です。

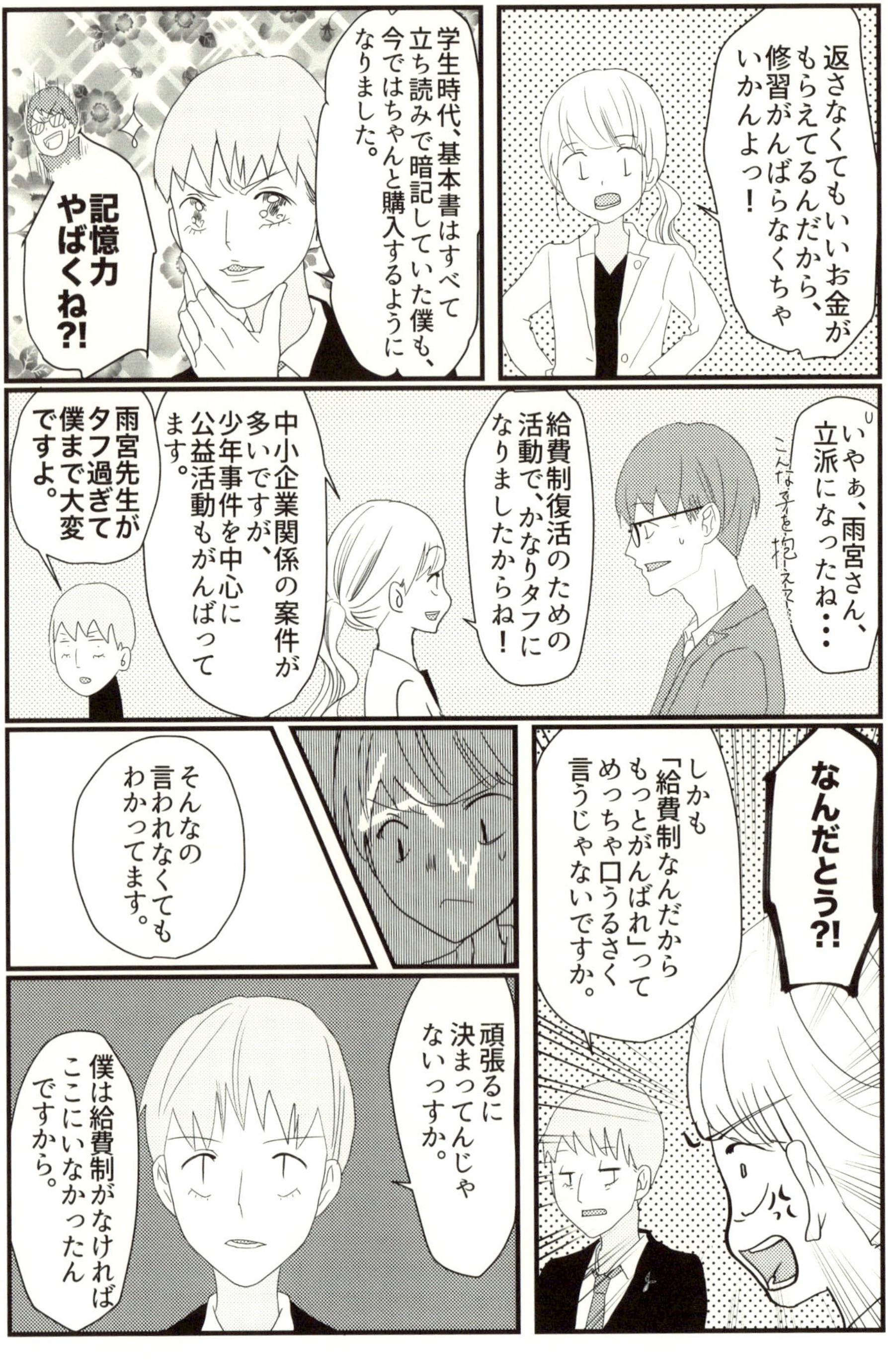

返さなくてもいいお金がもらえてるんだから、修習がんばらなくちゃいかんよっ！

学生時代、基本書はすべて立ち読みで暗記していた僕も、今ではちゃんと購入するようになりました。

記憶力やばくね?!

いやぁ、雨宮さん、立派になったね・・・

給費制復活のための活動で、かなりタフになりましたからね！

中小企業関係の案件が多いですが、少年事件を中心に公益活動もがんばってます。

雨宮先生がタフ過ぎて僕まで大変ですよ。

なんだとう?!

しかも「給費制なんだからもっとがんばれ」ってめっちゃ口うるさく言うじゃないですか。

そんなの言われなくてもわかってます。

頑張るに決まってんじゃないっすか。

僕は給費制がなければここにいなかったんですから。

だからこそ、社会の役に立つ法律家になりたいなって。
雨宮さん…!!
はいっ
めっちゃいい修習生とったな!!
…
事務所にスラ○ダンク全巻送るわ。
ドリブル用に。
久しぶりに読みたいですね。
岡○マニュアルも全巻お願いします。
図々しい!!

『ベンゴマン』作者にインタビュー

漫画家

矢島光

【プロフィール】平成23年慶應義塾大学在学中に、モーニング manga open にて奨励賞を受賞（受賞作品『ピーピングトム』）。大学卒業後、某IT企業に新卒入社。平成27年に同社を退社し、現在、ウェブ中心に活動。新潮社 ROLA にて『彼女のいる彼氏』を連載中。

Q 『ベンゴマン』を執筆してみて？

法律を変えるためには、議員さんにチラシ配りをする等の地道な活動が必要であることを知りました。

多くの弁護士さんや法曹を志望する学生さんに協力していただきながら描いたので、苦労は多かったですが、法曹に関わりのない友人に「ベンゴマン読んで給費制のことを知って勉強になった」と言われたときはガッツポーズしてしまいました（笑）。

Q 給費制問題についてどのようにお考えですか？

「法律家の質を担保するための司法修習制度なのに、その間無給というのはおかしい」（5話目）と唯ちゃんが言っている通りです（この台詞については、弁護士さん方にたくさんアドバイスをいただきました……）。

いいものを作るためにはデザインでも漫画でも何でも、お金と時間が必要です。いい法律家を育成するのも同様だと思います。一刻も早く給費制が復活して、法律家の卵たちが健やかに育って行くことを願っています。

司法修習は、国民の生命、自由、権利を扱う法律家の質を担保するため、国により義務づけられている制度です。
それなのに、私たち司法修習生が一年間の無給状態を強いられるのはどう考えてもおかしいと思います。

第2章
「給費制」のこれまでとこれから

弁護士　児島貴子
（ビギナーズ・ネット）

1 そもそも「司法修習生」「給費制」「貸与制」って何？

(1)「司法修習生」ってどんな人？

裁判官、検察官、弁護士（まとめて「法曹」または「法曹三者」といいます）になるには、国家試験である司法試験に合格する必要があります。

しかし、司法試験に合格しても、知識も経験もまだまだ足りません。法律という武器を使って市民の皆様の大切な権利を守るためには、実務に根差した研修を行う必要があるのです。そこで、裁判所法は、司法試験合格者は、原則として「司法修習」という研修を受け、「司法修習生考試」に合格しなければ、法曹になる資格を与えないこととしています。そのため、司法試験合格者は、合格後、最高裁判所に**「司法修習生」**として任命され、全国各地の地方裁判所へ配属されるのです。

このように最高裁判所に任命され、裁判所・検察庁・法律事務所等で研修を行う人のことを「司法修習生」といいます。ちなみに、司法修習生に任命される時点では、裁判官・検察官・弁護士のいずれになるか、各人の志望はあるものの決まっておらず、全員が同じ司法修習を受けていく中で決めていくことになります。

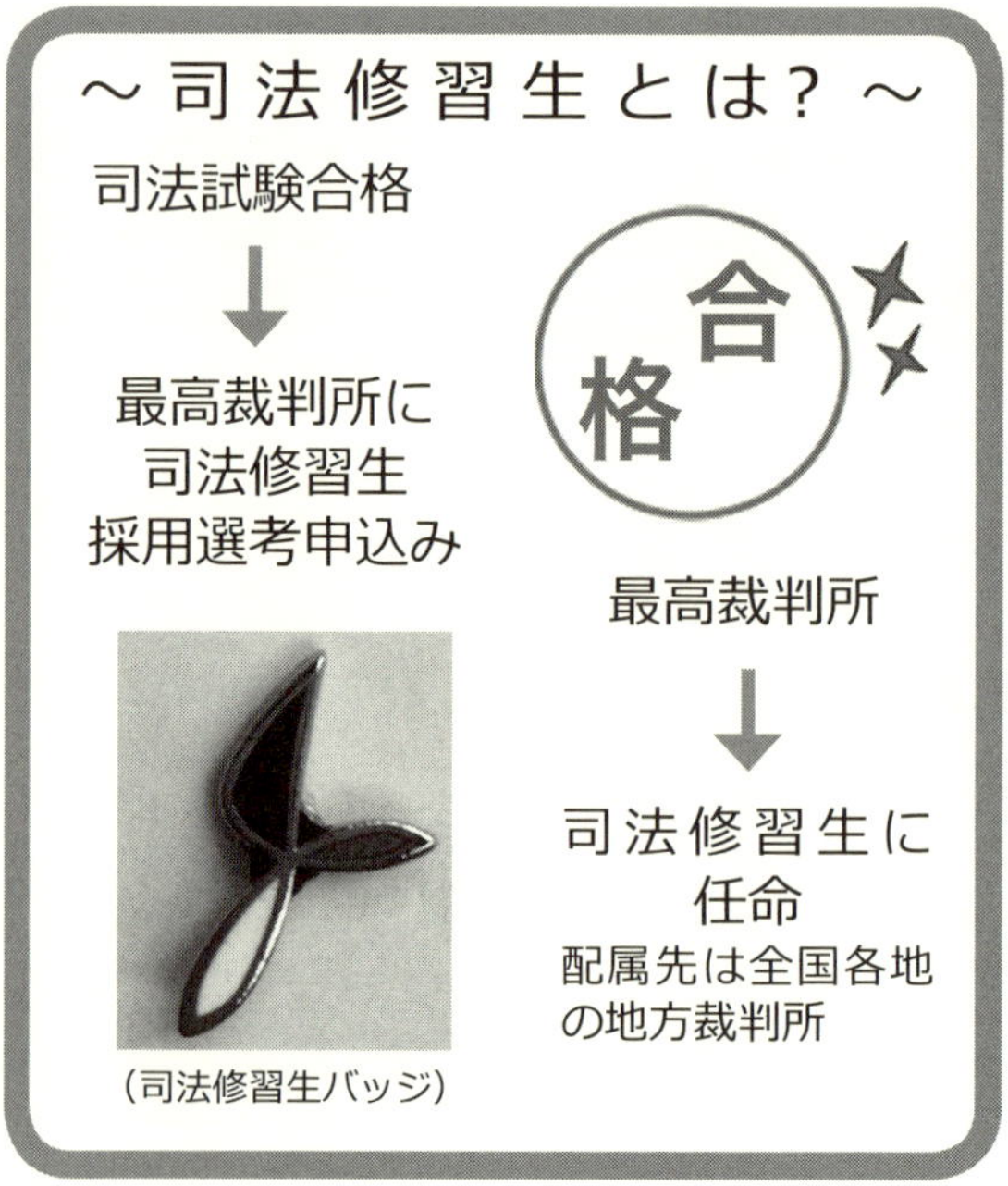

（司法修習生バッジ）

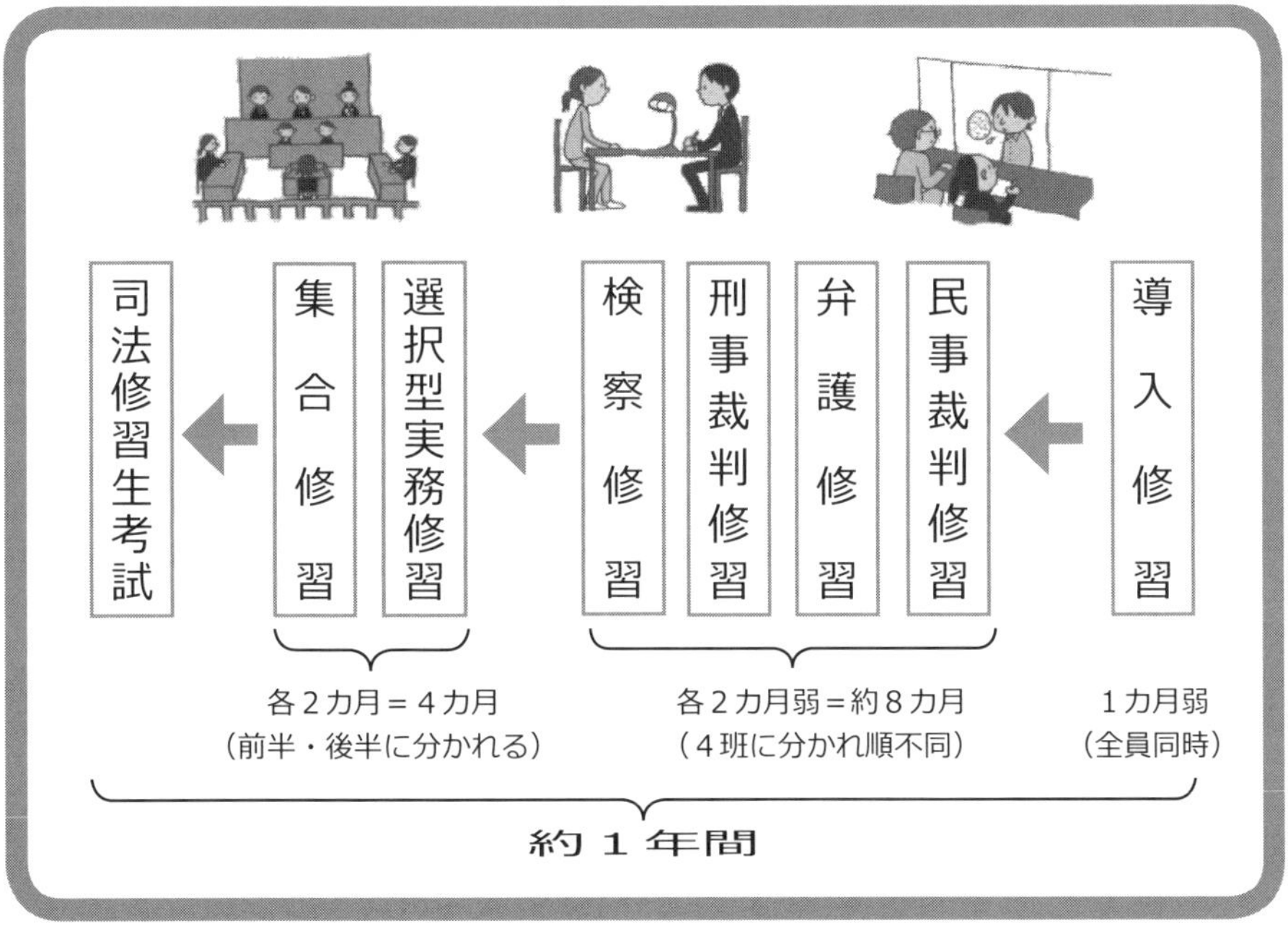

①「司法修習生」って何をしているの？

司法修習生は、全国各地の地方裁判所に配属され、生の事件に接する研修（実務修習）を10カ月弱、埼玉県和光市の司法研修所で、導入修習と集合修習を約3カ月間行います（計約13カ月）。

実務修習中は、司法修習生全員が、裁判所だけではなく、検察庁、法律事務所にも配置され、裁判官・検察官・弁護士すべての立場の経験を積みます。

裁判所では、裁判記録を検討して判決書の案を書いたり、和解案を考えたり、裁判に立ち会ったりします。

検察庁では、実際に罪を犯したと疑われている被疑者や参考人等の取調べを行い、被疑者を起訴するか否か（裁判にかけるか否か）につき検察官に意見を述べ、必要な書類を作成したりします。

法律事務所では、法律相談や打合せへの同席、訴状等裁判所へ提出する書面案の作成、裁判への同行等、あらゆる弁護士業務を経験します。

このような司法修習を受けて知識と経験を積み、最後に行われる司法修習生考試に合格すると、晴れて裁判官・検察官・弁護士としてデビューできるのです。

②「司法修習生」の身分とは？

司法修習生は、最高裁判所によって任命され、「公務員に準じる身分」と従前から説明されており、平日は毎日、裁判所、検察庁、法律事務所等へ登庁・出所し、フルタイムで実務修習を行います。

そして、司法修習生は、約1年間の司法修習修了後には、裁判官・検察官・弁護士としていきなり市民の皆様の権利保護に直接携わることになるのですから、司法修習期間中は司法修習のみを行い、その質を高めていくことが求められるという「修習専念義務」が課されています（裁判所法67条2項）。

また、裁判の記録を読んだり、相談者の方のプライベートなご相談を聞いたり、罪を犯したと疑われている人の取調べを行ったりするのですから、司法修習中に見聞きしたことを第三者に明かしてはならないという守秘義務も課されています。

このように、司法修習生は、公務員に準じた身分として、様々な義務を課された中で司法修習を行っているのです。

なお、裁判所のホームページでも、「司法修習生は、国家公務員ではありませんが、これに準じた身分にあるものとして取り扱われ、兼業・兼職が禁止され、修習に専念する義務（修習専念義務）や守秘義務などを負うこととされています」と説明されています。

司法修習生の身分

最高裁判所に任命されるということは……

司法修習生の身分→

「公務員に準じる」

・公務員の俸給に応じた給与を支給→**「給費制」**

・公務員と同じく、「専念義務」「守秘義務」あり

修習専念義務

＝修習以外のことはしてはいけない

⇒**兼業（アルバイト等）禁止**

⑵ 「給費制」ってどんな制度のこと？

司法修習生は平日フルタイムで研修を行っていますし、司法修習期間中は研修だけに専念することを義務として課されていますから、アルバイトも原則禁止です。そのため、毎日の食費や交通費、家賃に水道光熱費、また洋服代や書籍代も、司法修習期間中は自分で稼ぐことができません。また、司法修習生の身分は、公務員に準じるものとされています。

そこで、現在の司法修習制度が始まった、戦後間もない昭和22年から、司法修習に専念する司法修習生の経済的生活基盤を確保するため、公務員の給料に従って司法修習生に給料が支払われていました。

この、司法修習生に**給料を支払っていた制度**のことを、**「給費制」**と呼んでいます。

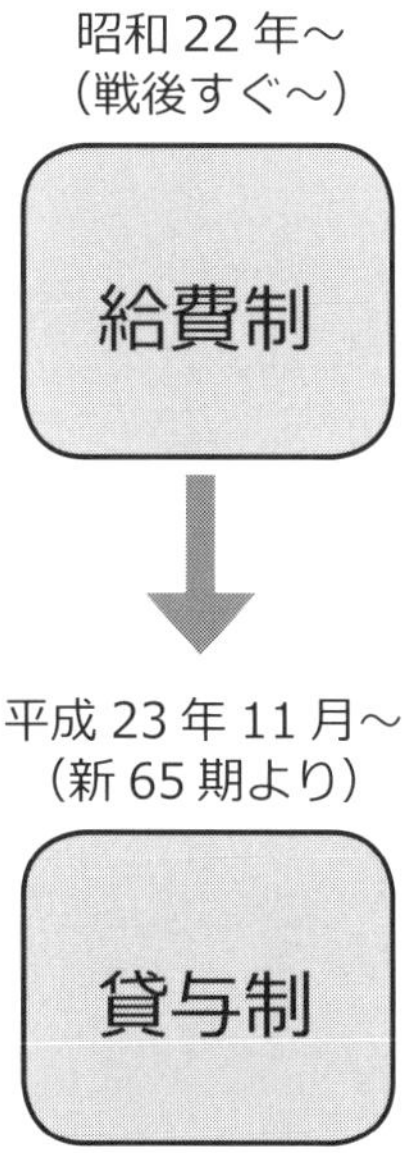

⑶ 「貸与制」ってどんな制度のこと？

戦後間もなく、現在の司法修習制度の開始と同時に始まった給費制なのですが、平成23年11月、給費制は廃止されてしまいました。しかし、司法修習制度自体は何も変わっていませんので、平日はフルタイムで、スーツを着て、裁判所や検察庁・法律事務所等で研修をします。研修に専念する義務も変わらずありますので、アルバイト等が原則禁止であることも従前どおりです。

そのため、司法修習生自身に一年間の生活費すべてを賄うだけの貯金があるか、周りに経済的援助をしてくれる親族等がいなければ、日々の生活は経済的に成り立ちません。

そこで、司法修習期間中の生活費を自分の貯金等で賄えない人については、国（最高裁判所）に「貸与金」という借金の申込みをすることで、毎月一定額が借りられるという制度が作られました。つまり、国が司法修習生に修習期間中の生活費を給与として支給するのではなく、**借金として貸し付ける制度**に移行したのです。この貸付制度のことを、**「貸与制」**と呼んでいますが、つまりは給料なし＝**「無給制」**ということです。

⑷ 「給費制」と「貸与制」ではこんなに違う！

「給費制」のもとでは、毎月、司法修習生に「給料」が支払われます。そして、これは「給料」ですから「収入」であり、もちろん返す必要などありません。

しかし、「貸与制」のもとでは、給料は支払ってもらえません。そのため、多くの司法修習生は、日々の生活費を賄うため、最高裁判所に貸与金の申請をします。すなわち、司法修習中の生活費のための借金を申し込むわけです。ちなみに、貸与金の基本額は月額23万円です。そして、申請をした人には、毎月最高裁判所から、貸与金という名の「借金」が振り込まれます。これにより、約13カ月の司法修習を終える頃には、**多くの司法修習生が司法修習期間中だけで約300万円の借金を背負う**という状況になっています。

①交通費

司法修習生は、平日は毎日、裁判所や検察庁、法律事務所へ登庁・出所して司法修習を行いますので、自宅と修習先を往復するための交通費がかかります。「給費制」のもとでは、交通費は支給されていました。

しかし、「貸与制」は、交通費も一切支給されませんので、貯えのない人は借金の中から支払っていくしかありません。

②住宅手当や扶養手当等

「給費制」のもとでは、実家暮らし等以外で家賃負担のある人や扶養家族がいる人等につき、公務員に準じた各種手当が支給されていました。

しかし、「貸与制」では、各種手当も一切支給されません。代わりに、家賃負担がある人や扶養家族がいる人については、貸与金額を上乗せできる、つまり借金の額を増やせるという措置が採られているにすぎません。

③保険・年金

「給費制」のもとでは、司法修習生全員が裁判所共済に加入し、保険料や年金は給与から天引きされていました。

給費制下・貸与制下の修習生の経済状況の比較

0円

	貸与制		給費制	
身分	最高裁判所に任用→**公務員に準じた取扱い**を受ける **修習専念義務**あり			
生活原資	最高裁が申請者に毎月貸与＝借金させる	月額23万円 （18万円に減額可）	月額20万4200円 ＋地域手当＋賞与 （新64期の額）	国家公務員に準じて俸給として支給
交通費	**なし** 自己負担		実費	実費交通費を支給
住宅手当	**なし** 住居費がかかる場合貸与額を上乗せして＋2万5000円申請可	貸与金 2万5000円	月額 2万7000円	2万7000円が上限 家賃の50%を支給
扶養手当	**なし** 扶養家族がいる場合貸与金を上乗せして＋2万5000円申請可	貸与金 2万5000円	手当	
その他	なし ※国保·国民年金に加入し、保険料·年金を貸与金で払う		集合修習中の手当（出張手当） ・寮費相当額 （寮に入れない者は1日1400円支給） 保険・年金（裁判所共済に加入）	
合計（概算）	毎月の貸与により修習期間中に **-235万円～-365万円** **借金総額**（貸与金総額）		基本給・賞与・各手当により修習期間中に **＋350万円～＋450万円受給**	

しかし、「貸与制」では共済にも入れず、最高裁判所からの借金で保険料や国民年金を支払わなければなりません。

(5) 司法修習中はこんなことにお金がかかります

司法修習生として約1年間研修をするにあたって、誰でも生きていく上で日常的に必要となるお金はもちろん、「司法修習」をするため、また近い将来に法曹実務家となるために必要なお金も相当かかります。

司法修習生として収入がない中で日々研修に取り組むため、これら費用すべてを、裁判所から借金するか貯金を取り崩す等して賄わなければなりません。

①食費

司法修習生も人間です。毎日の食費は当然必要です。

②交通費

自宅から研修先である裁判所、検察庁、法律事務所への交通費がかかります。

③住居関連費用

実家から修習に通えない司法修習生は、家賃や光熱費等もかかります。なお、司法修習生は全国各地に配属されますので、実家から遠方に配属されてしまい、一人暮らしをせざるをえなくなる人も少なくありません。部屋を借りるためには敷金・礼金等もかかります。

④被服費

司法修習生は、学生時代から司法試験を目指して勉強し、社会人経験を経ることなく司法修習生になったという人が多数です（もちろん、社会人経験者も相当数います）。そのため、司法修習生になる人の多くは、司法試験に合格した段階で、スーツやビジネスバッグ等、司法修習生として求められる品位を保つための被服類を十分に持ち合わせていません。そのため、司法修習生になるにあたり、スーツ等を買い揃えなければならない人が大半です。

⑤パソコン関係

司法修習中は、司法修習生自身のパソコンで書面作成等を行うことになります。また、裁判所では、有料のウイルス対策ソフトがインストールされていないパソコンの持ち込み使用は許可されていません。そのため、持ち運び可能なノートパソコンを購入し、ウイルス対策ソフトも自費でインストールしなければなりません。

⑥書籍代

司法修習は、近い将来、裁判官・検察官・弁護士として実際に働くための研修ですから、司法修習生自らが向学のため本を買い実力を高めることは必須です。また、指導担当の裁判官、検察官、弁護士等から、実務に有益な本を勧められることも多く、司法修習の実をあげるためにも書籍代は必須です。

⑦研修関連費用

司法修習中は、時間外に様々な研修や勉強会へ参加をしたり、事件の現場へ赴いたりする等、自己研鑽を積む司法修習生が多く、そのための参加費用や交通費も必要です。

⑧修習地への移動費・引越費用

司法修習生は、全国各地に配属され、配属先の裁判所、検察庁、法律事務所での研修を行う「実務修習」を行いますが、「実務修習」に加え、埼玉県和光市にある司法研修所での研修も受けなければなりません。

現在の司法修習制度では、最初の1カ月弱の「導入修習」を司法研修所で行い、その後全国各地での「実務修習」を行った上、再び司法研修所での「集合修習」を行います（47ページ上段の図参照）。

また、後半の「集合修習」は、全修習生を2つのグループに分けて行うため、前半に「集合修習」を受ける司法修習生（主に関東圏と関西圏に配属された司法修習生）は、集合修習の後、さらに約2カ月間、配属先に戻って実務修習を受けることとなり、その度に移動費等の費用が必要になります。なお、給費制復活運動を続けてきた結果、平成25年11月に採用された67期司法修習生からは、司法修習地への移動費用だけは距離に応じて一定額支給されるようにはなりました。

⑨就職活動費

現在、弁護士は就職難の時代といわれています。そのため、司法修習生は、就職活動で自身の修習地以外の都道府県にある法律事務所等の説明会や面接に行くことがよくありあます。また、実務修習の配属地が就職希望地から離れてしまった人は、就職活動のために、配属地と就職希望地とを何往復もしなければならないということもあります。例えば、四国に配属された司法修習生が就職希望地の東京まで飛行機で何往復もするというケースもあり、就職活動の交通費として毎月何万円もかかるという人も少なくありません。

2 法曹養成制度の歴史から見る「給費制」の意義

ここまで、司法修習生、給費制、貸与制、2つの制度の違い等についてお話ししてきました。ここからは、まずこの国の法曹養成制度の歴史をご紹介した上で、裁判官・検察官・弁護士、つまり法曹の卵たちである司法修習生を国が給料を支給して育てることの意義についてお話しします。

(1) 法曹養成制度の歴史

①第二次世界大戦前

現在、裁判官・検察官・弁護士になるには、「司法試験」に合格した後、「司法修習」を修了する必要があります。そして、法曹三者のいずれになるかにかかわらず、皆同じ修習を受けることになっています。これを**「統一修習制度」**といいます。

しかし、第二次世界大戦以前、日本の法曹養成制度は、現在とはずいぶん異なっていました。

まず、そもそも、大正11年までは、裁判官・検察官になる人の試験（判事検事登用試験）と、弁護士になる人の試験（弁護士試験）とは、別の試験でした。なお、大正12年からは、裁判官・検察官・弁護士になるための試験は統一され、高等文官司法科試験という試験になりました。

裁判官・検察官になる人は、試験に合格すると、「司法官試補修習」という修習を受けることとなっており、この修習中には国から給料が支払われていました。

他方、弁護士になる人については、昭和10年まで国が行う修習制度がそもそも存在せず、昭和11年より「弁護士試補制度」という研修制度が開始されました。しかし、この研修期間中、国から給料の支給はありませんでした。ただし、この制度には、現在の司法修習生に課せられている「修習専念義務」はなく、働きながら研修を受けることが制度上は可能でした。そうはいっても、弁護士になるための研修をしながら、仕事もして生活費を稼ぐことは簡単ではなく、研修期間中に弁護士になることを諦めてしまう人も多かったそうです。

このように、戦前は、裁判官・検察官になる人を育てる制度と、弁護士になる人を育てる制度が分かれていて、いわゆる**「分離修習」**と呼ばれる制度が採られていたのです。

さらに、弁護士は、各地の弁護士会が所在する地方の検事正（地方検察庁のトップ）の監督のもとに置かれ、弁護士の懲戒処分は裁判所の裁判により判断されることとなっていました。つまり、弁護士は検察庁と裁判所によって監督される立場にあったのです。

国から給料を支給される、つまり、国費を投じられて育てられた裁判官と検察官。他方、その昔は試験も違い、国費を投じられることなく育てられた弁護士。

国の司法を担う法曹三者であっても、このような異なる制度のもと、弁護士は、裁判官・検察官より地位も能力も劣っているという「官尊民卑」の発想が根強く存在していました。

戦前の法曹養成制度

<table>
<tr><th></th><th colspan="2">試験</th><th colspan="2">養成制度</th></tr>
<tr><td>裁判官
検察官</td><td>判事検事
登用試験</td><td rowspan="2">大正 12 年から
高等文官
司法科試験</td><td colspan="2">司法官試補修習
国費で養成＝給費制</td></tr>
<tr><td>弁護士</td><td>弁護士試験</td><td>昭和 10 年まで
国が行う
修習制度なし</td><td>昭和 11 年から
弁護士試補制度
無給
（ただし専念義務なし）＊</td></tr>
</table>

元々別の試験 → 「裁判官・検察官」と「弁護士」は違う、という発想

全く異なる養成制度 ＝**分離修習** → 「裁判官・検察官」と「弁護士」は違う、という発想

＊弁護士試補制度は無給のため親が裕福ではない限り仕事をしながらの研修。研修期間中の生活苦のため、志半ばで撤退する者も……

②第二次世界大戦後

第二次世界大戦が終わり、日本国憲法が制定されました。そして、日本国憲法が施行された日と同じ昭和22年5月3日、裁判所法が施行されました。

新しく制定された裁判所法では、裁判官・検察官・弁護士になるための試験は「司法試験」のみであり、司法試験に合格した人は全員が同じ「司法修習」を受けることとされました。そして、「司法修習」を修了した人に、法曹となる資格を与えるという「統一修習制度」を導入するとともに、司法修習生は公務員に準じる身分として、全員に等しく国から給料が支払われるという「給費制」が導入されました。

新たに制定された憲法は、弁護士を国民の権利・自由の守り手として位置づけています。そして、そのような弁護士の育成は、裁判官や検察官と同様、国が責任を持って行うべきとされ、このような崇高な理念に基づいて、法曹三者を同じ仕組みで養成する、統一修習制度・給費制が導入されたのです。また、このような制度であれば、法曹三者の知識レベルが標準化され、裁判官・検察官よりも弁護士は劣っているとの官尊民卑の発想にはつながらないため、民主的かつ独立した司法を目指して導入された制度といえます。

ちなみに、戦後から平成10年までは、司法修習の期間は2年間でした。その後1年半、1年4ヶ月と短縮され、現在は約1年(13ヶ月)にまで短縮されています。

～法曹養成制度の変容～

~~分離修習~~

○裁判官・検察官の試験と弁護士の試験が別
○裁判官・検察官は給費制弁護士は給費なし

↓

統一修習

裁判官・検察官・弁護士になる人
→全員同じ「司法試験」を受験
さらに……
⇒司法修習中、全員に給費を支給

③現在の法曹養成制度

戦後、現在の司法試験、司法修習制度が導入されたときから長らく、司法試験に受験資格はありませんでした。

その後、平成の時代になり、司法改革として様々な制度改革が行われました。裁判員裁判の導入等もそのひとつです。そして、このような制度改革の中で、裁判官・検察官・弁護士の養成制度も大きな変革を迎えることになりました。

平成16年から「法科大学院」という専門職大学院が設置され、司法試験を受けるには、原則として「法科大学院を修了していること」が条件となりました。そのため、裁判官・検察官・弁護士になろうとする人は、法科大学院（法学未修者コース3年・法学既修者コース2年）へ通い、卒業しなければなりません。

平成23年からは、法科大学院修了に代わる例外ルートとして、「司法試験予備試験」という試験が始まり、この予備試験に合格すると司法試験の受験資格が得られるようにはなりました。ただし、あくまでも司法試験を受験するためには法科大学院修了が原則的なルートとなっており、法律家を目指す人は、司法試験を受けるまでに多額の学費負担をしなければならない制度となっています。

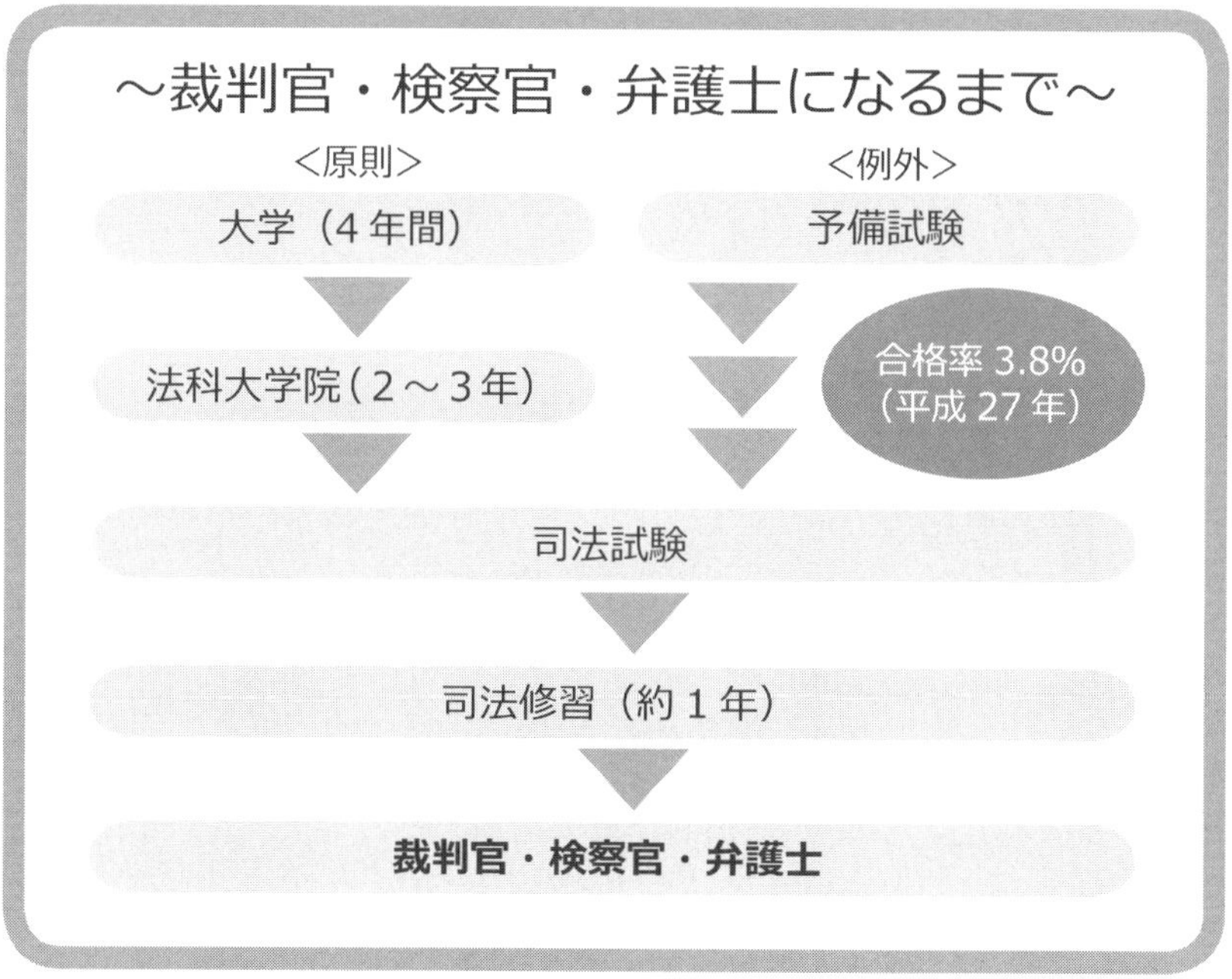

④給費制の廃止、そして貸与制という名の無給制へ

第二次世界大戦後、統一修習制度および給費制が導入されてから現在に至るまで、司法修習の役割や意義は何ひとつ変わっていません。また、③で述べたとおり、司法改革により、法曹を目指す人は原則として法科大学院に行かなければならず、時間的負担のみならず多額の経済的負担もかかるような制度になってしまいました。これにより、司法修習生の半数以上は、法科大学院までに奨学金を利用しているという実態があり、奨学金利用額の平均は約350万円というアンケート結果があります（日弁連修習実態アンケート）。

このように、司法修習生になるまでに大きな経済的負担があり、奨学金という借金を既に背負っている人が多数いるにもかかわらず、司法修習生の給費制は廃止され、平成23年11月に採用された新65期司法修習生からは、司法修習期間中、裁判所が司法修習生へ生活費相当額を貸し付ける「貸与制」という名の「無給制」へと切り替わってしまったのです。

貸与制に切り替わってしまったことにより、多くの司法修習生は、奨学金の借金に加え、司法修習中の貸与金約300万円の借金を抱えた状態で、法曹としての第一歩を踏み出さなければならなくなりました。

ちなみに、統一修習制度が始まってからというもの、司法修習生は採用年次に従って「1期司法修習生」「2期司法修習生」……と修習期をカウントしており、それは現在まで続いています。このことは、同じ統一修習制度下の司法修習生であることを端的に示しているといえます。それなのに「新65期司法修習生」以降、それまでの給費制とはまったく異なる貸与制が導入されてしまったのです。なお、平成28年2月現在は「69期司法修習生」が全国各地で司法修習を行っています。

さて、ここまで、給費制に関する歴史的経緯をみてきました。次からは、そもそもどうして司法修習は「給費制」であるべきなのか、給費制の意義について詳しくお話します。

(2) 給費制の意義

①司法制度はこの国の「社会インフラ」です

まずなにより、裁判等の司法制度を利用するのは国民・市民の皆様であり、司法制度の整備は社会インフラの整備であるといえます。そのため、道路や公園を整備するのと同様に、司法制度を整備することは、国

の責務です。

ここで、皆さんの中には、弁護士は民間人なのだから、弁護士の養成は国の義務ではないと思われる方もいらっしゃるかもしれません。しかし、司法修習が始まる時点では、裁判官、検察官、弁護士のいずれになるかは決まっていません。また、先ほどご説明した「統一修習制度」を採用した趣旨からも、公務員である裁判官・検察官になる人と民間人である弁護士になる人とを区別して育てるべきではありません。

そもそも、裁判官と検察官だけでは裁判はできませんし、日本国憲法には、裁判官・検察官のみならず、弁護士もその存在が明記され（憲法34条・憲法37条3項・憲法77条1項）、この国の司法制度にとって必要不可欠な存在であることは明らかです。そのため、裁判官、検察官のみならず、弁護士も、司法制度という社会インフラを担う人材なのです。

よって、弁護士を含む法曹三者を養成することは、国の義務であり、給費制は、国が果たすべき責務であるといえるのです。

【憲法34条】何人も、理由を直ちに告げられ、且つ、直ちに**弁護人**に依頼する権利を与へられなければ、抑留又は拘禁されない。又、何人も、正当な理由がなければ、拘禁されず、要求があれば、その理由は、直ちに本人及びその**弁護人**の出席する公開の法廷で示されなければならない。

【憲法37条3項】刑事被告人は、いかなる場合にも、資格を有する**弁護人**を依頼することができる。被告人が自らこれを依頼することができないときは、国でこれを附する。

【憲法77条1項】最高裁判所は、訴訟に関する手続、**弁護士**、裁判所の内部規律及び司法事務処理に関する事項について、規則を定める権限を有する。

~給費制の意義①~

司法制度＝三権分立の一つを担う制度

国民の権利保護のための司法制度の構築は
国の重要な基盤（社会インフラ）

→社会インフラの整備＝国の責務

⇒司法制度を担う法曹三者の養成は国の責務

裁判官・検察官・弁護士は
憲法にその存在が明記されています。

②修習専念義務を課す以上、生活保障は必須！

本章1でご説明したとおり、司法修習生には「修習専念義務」が課せられており、アルバイト等の兼業は原則として禁止されています。

しかも、司法修習生は、平日の朝から夕方まで、フルタイムで修習していますし、取調べや法律相談が長引いて定時に終わらないこともよくあります。また、多くの人は時間外に就職活動をしていますので、司法修習をしながら夜間休日に兼業してお金を稼ぐなどということは現実的ではありません。そのため、司法修習生は、自ら働いて生活費を稼ぐことができません。

このように、国が司法修習生の稼得活動に制限を課し、司法修習だけに専念しなさいと制度上求めているのですから、その間、人として、また司法修習生として生活するために必要な費用は当然国が支給すべきであり、司法修習生への給費の支給は、修習専念義務との関係において必須なものです。加えて、経済的安定なくして精神的な安定は生まれません。司法修習だけにしっかり専念するためには、毎月の給料により経済的基盤が確保されることが必要不可欠です。

毎日の生活費等はもちろん、法律関係の書籍は高額なものが多いですし、研修や社会的意義ある事件の訴訟や現場を自らの目で見る等の自己研鑽をするにも、ある程度のお金が必要です。そのため、給費制は、「修習専念義務」を司法修習生に実践させるためにも、必要不可欠なものであるといえます。

「生活保障のために借金させる」などという制度、おかしいと思いませんか!?

~給費制の意義②~

司法修習生は「公務員に準じる」
→修習専念義務＝兼業禁止義務あり
⇒自ら稼ぐことを法律により国が制限

↓

生活保障としての給費は必須

「生活保障のために“貸与”
＝借金をさせる」
などという制度はおかしい!!

③経済的事情に左右されない人材確保に必要

次に、給費制は、司法への多様な人材確保にとって必要不可欠という点が挙げられます。

経済的に恵まれた環境にない人でも、経済的事情に左右されることなく法曹を目指すためには、司法試験合格後の給費制という経済的保障が不可欠です。

現在、法科大学院へ入学するには、「適性試験」と呼ばれる試験を事前に受験する必要があるのですが、この適性試験の受験者数は年々減少しており、**平成15年には4万人近くだったのが、平成27年には3500人余り**となっています。この受験者数の変化は、法曹志願者の激減を如実に表しています。

さらに、給費制が廃止されることとなって以降、**司法試験に合格しても司法修習に行かない人の数が増えています。**司法修習生として約1年もの間、無収入での生活を強いられること、さらにその間に将来返せるかどうかわからない借金を背負うことを避け、公務員等他の道を選択する人が増えたのです（当事者の声〔102頁〕参照）。

このような現状は、お金持ちしか法曹になれなくなっていることを示しています。このままでは法曹の多様性が失われ、多種多様な市民の声を代弁する人がいなくなってしまい、市民の皆様にとって大きな不利益となります。経済的事情に左右されず、多様な人材を法曹界に確保することを可能とさせることも、給費制の意義のひとつなのです。

④法律家としての使命の自覚

最後に、「給費制」の実質的な効果として、司法修習期間中、国費、つまり国民の皆様の税金を投じて育ててもらうことから、裁判官・検察官のみならず、民間人である弁護士になる人も、司法を担う者としての公益的・公共的使命があることを自覚する、ということが挙げられます。

大規模災害時における被災者支援、冤罪事件、公害・薬害事件、司法過疎への取組み等、公益的・公共的活動については、多くの弁護士が報酬をもらわず、いわゆる手弁当で活動しています。司法修習期間中に国費で育ててもらうことが、将来弁護士になった後、恩返しとして、公益的・公共的活動を行おうという意識につながるのです。

しかし、司法修習中に給料が支払われず、貸与制のもとで多額の借金を背負うことになれば、弁護士になった後も、自分自身の生活で精一杯、なにより借金を返さなければという思いがつきまといますから、公益的・公共的活動を行うための経済的・精神的安定がなくなってしまいかねませんし、公益的・公共的活動を行おうという意識も生じにくくなるおそれがあります。これでは、国民の皆様の権利保護が不十分になり、最終的に市民の方々が不利益を受けることになりかねないのです。

⑶ まとめ

給費制から貸与制への変更は、統一修習制度が採用されて給費制が導入された歴史的経緯を無視するものであり、⑵で述べた給費制の重要な意義を没却するものです。

そして、この給費制の廃止は、単に司法修習生の経済事情に関する問題にとどまらず、司法による権利保護や侵害された権利の回復を求める市民の皆様にとって、将来大きな不利益となってしまいかねない、大問題なのです。

そのため、私たちビギナーズ・ネット、そして日本弁護士連合会や全国の弁護士会、市民団体等は、誰でも法曹を目指せる社会、誰でも司法サービスが受けられる社会を求め、給費制を維持・復活するよう求め続けています。

> ～給費制の意義④～
>
> 国費で育ててもらう
> →国民の皆様の税金により養成
> **⇒裁判官・検察官のみならず、弁護士も公益的・公共的使命を担っていることを自覚**
>
> ↓
>
> 報酬なしでの被災者支援・冤罪事件・薬害事件・公害問題等、様々な人権擁護活動や社会的問題への取組み
>
> **⇒公益的活動への意欲**
>
> 「国民の皆様に育てていただいた恩返しを」との想い

3 「貸与制」の問題点

(1) 貸与制の概要

貸与制の問題点をご説明する前提として、まずは貸与制の内容をご紹介します。

貸与制とは、本章の1(3)でご説明したとおり、最高裁判所が修習中の生活費や修習関連費用を自ら支弁できない司法修習生に対し、申請に応じてお金を貸し付ける制度です。

貸与金の基本額は、月額23万円です。これを修習期間の13カ月分借りると、**約300万円の借金**となります。ちなみに、家賃を負担しなければならない人や扶養家族がある人は、それぞれ2万5000円多く貸してもらえます（借金の額が増えるだけです）。

しかし、決して無条件で貸してもらえるわけではなく、保証人2人か、保証会社による機関保証を付けなければなりません。機関保証を利用する場合、保証会社への保証料が貸与金から天引きされます。

~貸与制の概要~

貸与される金額は？

基本額…1カ月につき23万円
（希望により18万円も可）
扶養家族あり　→　＋2万5千円貸与可
住居費負担あり→　＋2万5千円貸与可
← 借入金額が増えるだけ

貸与を受ける条件は？

保証（自然人2人or最高裁判所の指定する金融機関）が必要
保証人の場合…年収150万円以上または資産額300万円以上
機関保証の場合…保証会社に保証料（貸与額の2.1%が天引き）

返済は？

修習修了後5年後から、10年以内に分割で返済
→月23万円×13カ月＝約300万円となるため、毎年約30万円を10年間支払って返済

返済は、原則として、司法修習修了後5年経過した後から10年以内で返済することとなっており、支払方法は年払いです。300万円借りた人は、1年に30万円を10年間返します。さらに、返済が完了するまで、毎年1回、最高裁に住所を通知しなければ、一括返済を求められる可能性があります。

(2) どうして貸与制が導入されたの？

貸与制を導入する裁判所法改正案が成立した平成16年当時において、給費制を廃止し貸与制へ切り替える根拠として挙げられていたのは、主に次の4つです。

- **利益（法曹資格）を受ける者が負担すべきであるという受益者負担論**
- **将来大半は弁護士になり、弁護士は高収入だから、返済に困ることはない**
- **財政難の中、公務員でない者に給料を支払うことは国民の理解が得られない**
- **司法試験合格者数の増加に伴う司法予算の増大に対する危惧**

しかし、本当にこれらの理由は貸与制という名の無給制を正当化する根拠といえるのでしょうか。

①受益者負担？

裁判官・検察官・弁護士は、この国の基本構造である三権の一翼たる「司法権」の担い手であり、日本国憲法にその存在が明記されている職業です。すなわち、法曹資格は単なる個人の資格ではなく、この国に必要不可欠な公益的・公共的な存在としての資格なのです。

そのため、司法権の担い手である法曹の卵を育てることによる受益者は、単に司法修習生というわけではなく、司法サービスの利用者である国民・市民の皆様であるといえます。

よって、法曹資格を一個人の資格としてしか考慮しない受益者負担論は的を射ておらず、貸与制導入の正当化根拠となりえません。

②弁護士は高収入だから給料は不要？

貸与制が導入されることとなった平成16年当時は、まだ弁護士の数が少なかったことに加え、いわゆる「払いすぎた利息が戻ってくる」という過払金返還請求事件が多数存在していたため、弁護士はそれなりの収入を得ており、その資料が貸与制導入の根拠のひとつとなったといわれています。

しかし、司法制度改革の一環として、時の政府は法曹人口を大増員することとし、昔は500人だった毎年の司法試験合格者数は、1000人、1500人と増え、平成18年以降は2000人程まで増えました。これにより、弁護士の数は10年程度で2倍近くにまで増え、平成20年頃からは弁護士の就職難が大きな問題となるとともに、新人弁護士の平均給与額は下降の一途を辿っています。

無事就職できればまだいいですが、就職できないまま、いきなり一人で弁護士を始める「即独」（即独立の意）、法律事務所のスペースだけ借りて給料はナシという「軒弁」（他人の軒先を借りて弁護士業務を行うという意）、さらには就職先がないままに、司法修習修了後に弁護士登録をしない人も激増し、毎年何百人もの人がすぐには弁護士の仕事を始められずにいます（下のグラフ参照）。

また、弁護士の数は急増しましたが、市民の皆様が弁護士に依頼する事件の数はむしろ減っており、弁護士1人あたりの事件数も大幅に減少しています。これはつまり、弁護士が以前のようには収入が得られなくなっているということです。

一斉登録時における弁護士未登録者数の推移

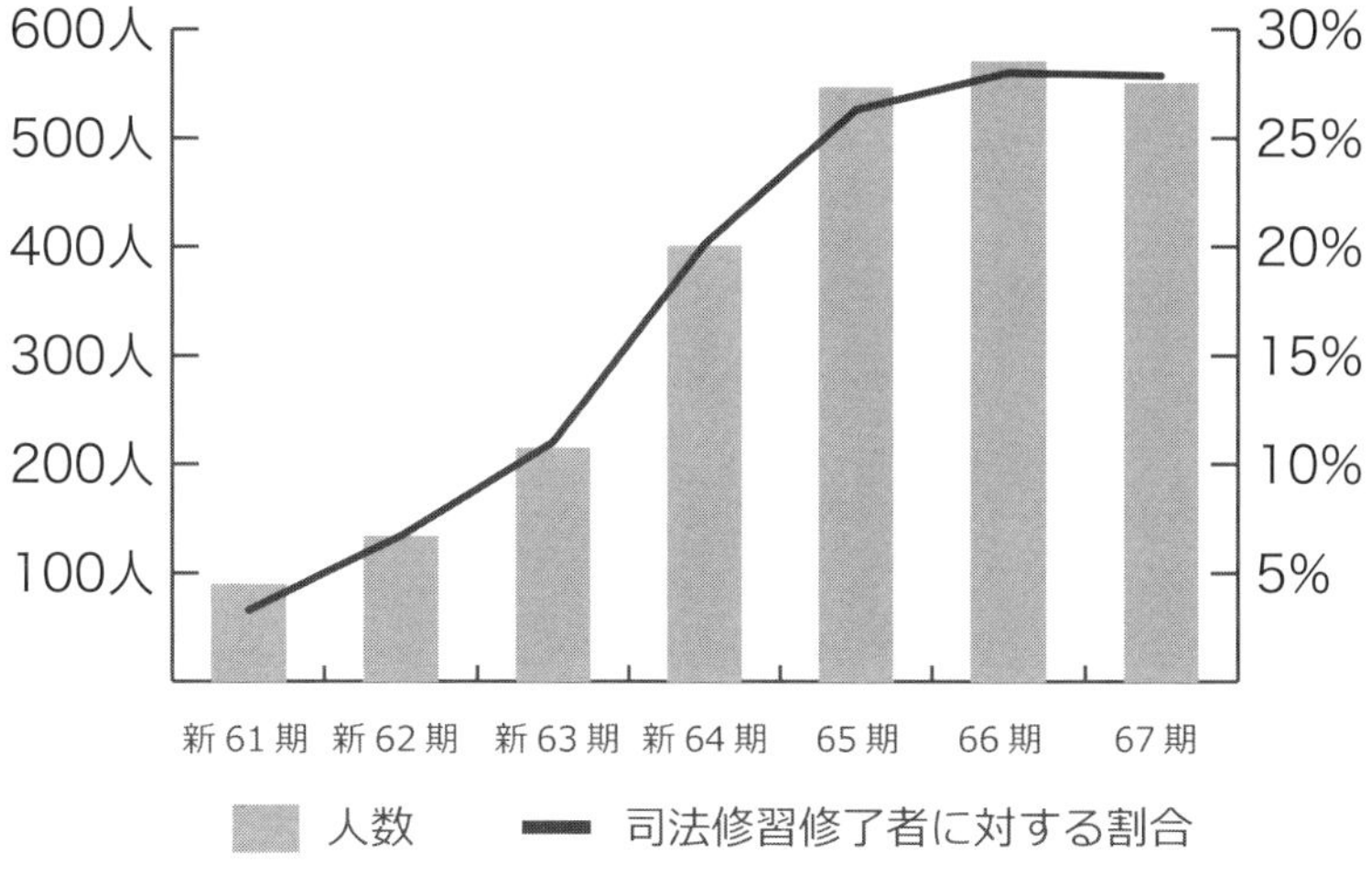

加えて、平成16年頃にはものすごい件数があった過払金の事件数は、現在までに激減しています。

ちなみに、無事に法律事務所へ就職できた人についても、昨今の若手弁護士の給与額が減少の一途であることは、下のグラフを見ていただければ明らかです。

このように、貸与制への移行が決定された当時の弁護士を取り巻く状況と現在の状況とは、あまりにも異なっており、弁護士の収入状況も当時に比べ著しく悪化しているのです。

また、弁護士になった後、結婚、妊娠、病気等様々な理由で弁護士をやめる人が少なからずいることも忘れてはいけません。

「弁護士の収入が高いから司法修習中に給料は不要。将来十分返せるだけの収入を得るのだから、借金させればよい」などというのは、そもそもの考え方がおかしいのですが、この考えを前提としても、「将来十分返せるだけの収入を確実に得る」とはいえない状況になっており、貸与制導入を正当化する前提となっていた事実は存在しません。

③国民の理解が得られない？

今この本を読んでくださっているあなたは、平成16

若手弁護士の給与額（額面）の変化

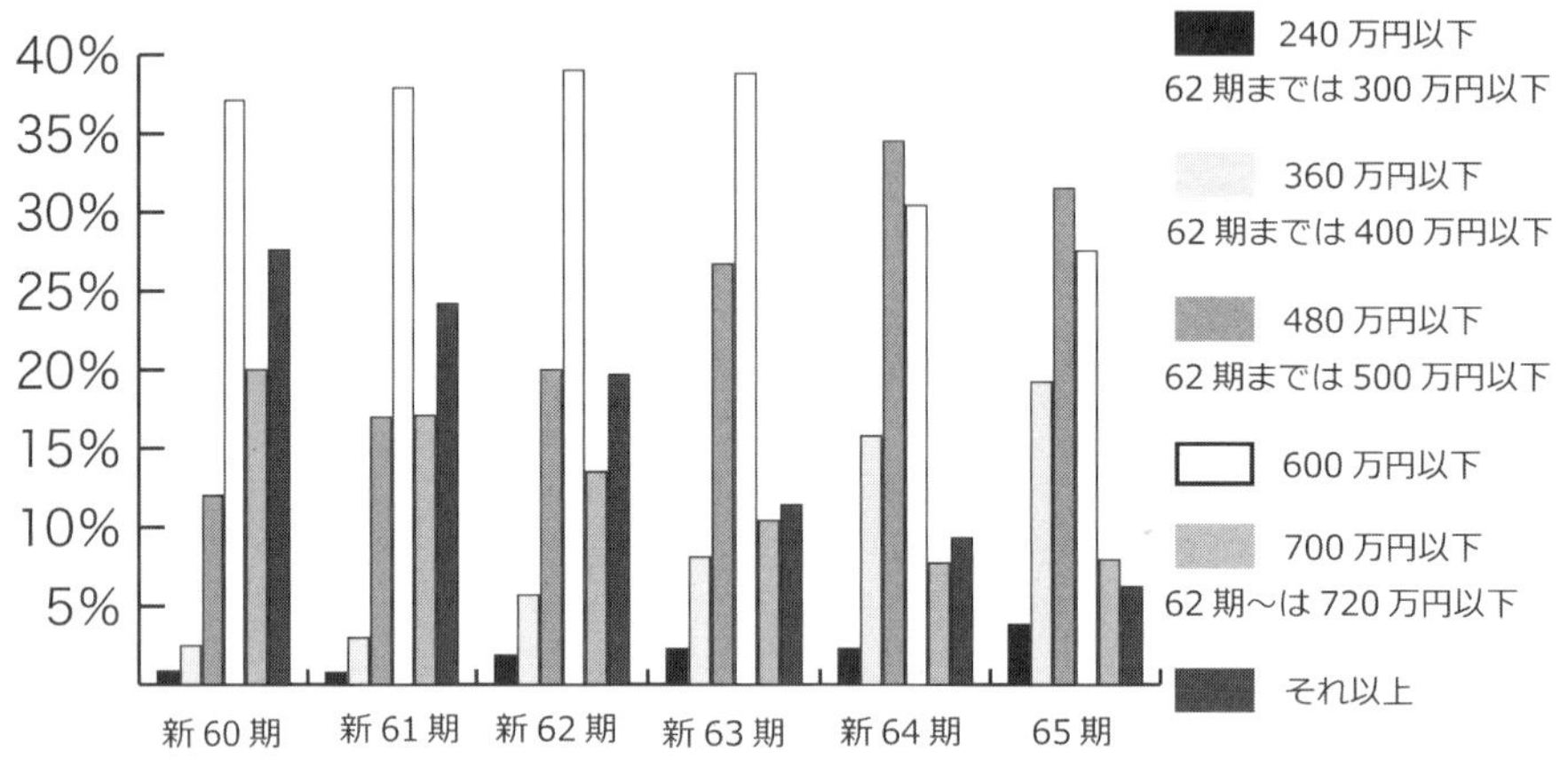

若手弁護士への給与は下降の一途であり、現在弁護士５年目の64期以降は、過半数が年額480万円以下。64期の18.1%、65期の23%は360万円以下。しかも、ここから弁護士会費や保険・年金、研修参加費等の様々な出費が必要⇒**余裕のある経済状況ではない！**

年頃、司法修習生の給費制という制度を知っていましたか？また、給費制を廃止して貸与制へ切り替えるべきかどうかという議論を聞いたことがありますか？

私は、この問題に関わるようになってから、街頭や集会で多くの方とお話させていただいてきました。しかし、今まで誰一人として、平成16年当時にこの問題や議論状況を知っていたという人に出会ったことはありませんし、正直に申し上げると、私自身も当時は知りませんでした。

このように、司法修習生の給費制・貸与制問題については、国民の皆様が知らない間に法改正がなされたのであり、当時の関係機関の議事録等にも「国民の理解」が得られるかどうかを検討した形跡はありません。

そして、平成22年以降、私たちビギナーズ・ネットや弁護士会が、給費制の維持・復活を求める運動を始めたところ、67万筆以上もの署名が集まりました。また、市民の方々が「給費制であるべき」として市民連絡会を立ち上げて一緒に活動してくださったり、医師会、弁理士会等の専門職団体や商工団体、労働団体等数多くの団体が団体署名に協力してくださったりしています。つまり、司法修習生の給費制につき、「国民の理解」は得られているのです。

国民に何も聞かないまま「国民の理解が得られない」ということは、貸与制導入の理由になりえません。

④司法予算増大に対する危惧？

最後に、司法予算が増えることに対する危惧、という理由が挙げられています。

しかし、国家予算に占める司法予算の割合は、もともと1％以下という低い水準にとどまっており、近時はさらに低下傾向が進んでわずか0・3％にすぎません。また、貸与制導入当時、司法試験合格者数は3000人が目標とされていましたが、その目標は既に撤回されています。そして、法曹養成制度改革推進会議では、当面の間「1500人は輩出」とされました。この1500人という人数は、貸与制移行の7年前、平成17年とほぼ同じ水準であり、給費制を復活させても財政的負担が大きくなるとはいえません。

よって、司法予算の増加への危惧というのは、単なるイメージにすぎず、合理的な理由とはいえません。

このように、①から④のいずれも、貸与制導入を正当化する合理的理由とはいえず、貸与制の根拠にはなりえないのです。

(3) 一般企業等との比較による貸与制の不合理さ

「司法修習」は、その言葉から具体的なイメージがしづらく、なんだか特殊なものとしてとらえられるかもしれません。しかし、司法修習は、裁判官・検察官・弁護士という法曹実務家になるために、国が司法試験合格者に法律によって義務付けた、いわゆる「研修」なのです。

そこで、一般企業等の研修制度と比較してみると、貸与制がおかしいことは一目瞭然です。

一般企業や官公庁においては、**新入社員の研修中、給料を支払わずに、生活できないなら会社や官公庁がお金を貸す、といったことはありえません。** 当然に給料は支払われますし、住居手当等の各種手当も支給されることが多いでしょう。他方、司法修習生は、貸与制のもとでは給料は一切支払われませんし、住居手当等の支給もないのです。しかも、「修習専念義務」が課されていることは繰り返しご説明してきたとおりです。

こんな酷な研修制度は、現在の司法修習以外には存在しません。**「貸与制」という名の「無給制」は、本来ありえない制度**なのです。

(4) 貸与制による弊害

貸与制という名の無給制が始まってからというもの、貸与金の申請をした人には、確かに毎月一定額が支給はされますが、そのお金の性質は「借金」です。また、貸与金の申請をしなかった人も、潤沢な貯えがある人や親族等から十分に援助を受けられる人は限られており、貸与金の申請をしなかった人の多くは支出を極力抑えた生活を強いられています（94頁参照）。そのため、当然のことですが、多くの司法修習生は、「とにかくできるだけお金は使わないように」と考えるようになっています。

そして、「お金を使わないように」すること、また貸与制という制度自体により、次のような弊害が実際に出ています。

①食費を削りすぎて……

まず、お金を使わないようにするための手っ取り早い方法として、毎日の食費を削る人が多くいます。

しかし、食費を削ることで、「栄養が足りずに頭がボーっとしてしまう」、「通勤中に倒れてしまった」、「無理な生活がたたり体調を壊してしまった」等の声が挙がっており、支出を削ろうとした結果、修習にしっかり集中できない状況となってしまう人がいます。

②スキルアップのために大切とわかっていても……

次に、司法修習生としてスキルアップするためのお金をかけられなくなっているという現状があげられます。

法律の書籍は高額です。5000円は当たり前で、1万円近くする書籍もあります。司法修習修了後には、すぐに裁判官・検察官・弁護士として国民の皆様の人権擁護活動や裁判に直接携わるのですから、正確な知識を得ることはもちろん、実務上の取り扱いや事件を解決するための流れ等を吸収するため、必要な書籍を購入することは法律家にとって必要不可欠です。また、社会的に問題となっている事件の現場を自分の目で見たり現地の人の声を聞いたりすることや、研修会に参加したりすることも、自己研鑽として大切です。

しかし、大切だとわかってはいても、書籍の購入や、遠方への交通費や研修費を支出することを、どうしても躊躇してしまう、という声が多く聞かれます。このように、貸与制下では、経済的な面から、自ら司法修習を充実させたくても思うようにできない、という現状が生じています。

③国に切り捨てられたという感覚が……

第二次世界大戦後60年以上にわたり、司法修習生は、国家の司法権を担う者として、給費制のもとで育てられてきました。

しかし、平成23年11月以降に採用された司法修習生からは、一切給料が支給されなくなったのであり、いってしまえば「修習は給費制のときと変わらず毎日しっかり行ってください。でも、毎日の生活費や修習にかかる費用はすべて自分でなんとかしなさい」といわれているようなものです。

そのため、司法修習生には、「国は司法に期待していない」「国から切り捨てられた」という感覚を持つ者も多く、司法修習に意欲的に取り組めないという声が聞かれます。

④指導する側も委縮!?

給費制のもとでは、指導する側の裁判官・検察官・弁護士も、司法修習生が給料の支給を受けていることを前提としています（指導する側も、かつては給費制のもと育てられた司法修習生でした）。そのため、司法修習期間中は、定時に限らず司法修習に全力投球することは当然と考えており、時間外でも様々な研修等に同行することはよくありました。

しかし、貸与制のもとでは、指導する側が、給料がもらえず借金で生活している司法修習生を、時間外まで拘束して研修させることに躊躇し、定時帰宅を促すという話をよく耳にします。

さらに、裁判所が行う現地での証拠保全（労働者のタイムカードや病院のカルテ等、事件の証拠となる書類が存在する場所へ赴いて証拠を確保する手続）や、現地での検証（いわゆる刑事ドラマに出てくる現場検証のようなもの）、検察官が夜中に行ういわゆる「ガサ入れ」等、裁判所や検察庁の外で行う手続につき、給費制の時代は当然のように同行させてもらえましたが、貸与制のもとでは、万が一何かあったときに保険がどうなるかわからず責任が持てないとして同行させてもらえなかった、という話も複数聞かれます。

給費制が廃止され、貸与制という名の無給制に切り替わったことにより、指導する側の対応に変化が出ており、給費制時代と同じような司法修習を受けられなくなっているという現状が生じています。このように、貸与制は、指導する側の意識にも変化を与え、司法修習の充実が阻害されているといえます。

⑤医務室が使えない!?

給費制のときは、裁判所共済に加入していたため、司法修習中に体調が悪くなった際には裁判所内に設置されている医務室を利用することができました。しかし、貸与制のもとでは、司法修習生は裁判所共済に加入していないからか、医務室の利用を断られるという事態が全国の裁判所で起こり、あまりに酷な扱いではないか、という声が挙がっています。

⑥その他

この他にも、司法修習中は、裁判官、検察官、そして弁護士から、修習時間外のざっくばらんな場で、その人が携わった事件の話や心がけていること、仕事の醍醐味や大変さ等、様々なことを聞くことが、実務を知り法律家としてのスキルとマインドを身に付けるため大変勉強になるという面があるのですが、「お金がないからそういう機会があっても参加できない」「特に裁判官・検察官は、貸与制になってから、司法修習生はお金がなくて大変だろうからと気を遣われ、そういった懇親の場がそもそも設けられず残念」等という声が聞かれます。

また、給費制が貸与制になったことで、子どもを持つ司法修習生から、「保育園入園申込みの関係で無収入と取り扱われ、平日フルタイムで司法修習を行うのに、子どもの保育園入園の優先順位が『学生』と同じ扱いになってしまった。これではなかなか子どもは預けられない。子どものいる人は法律家を目指すなということか」との怒りの声もあがっています。

⑸ 貸与制（無給制）のもとで修習を受けた人の声

ここでは、実際に貸与制のもとで司法修習を受けた方から寄せられた、切実な生の声を、いくつかご紹介します。

Aさん

本来、司法修習生への給費は、法曹養成が国家の責務であるとの理念のもと、修習専念義務を課す代わりに、修習中の生活を保障するというものであったはずです。貸与制のもとでは、将来の返済の心配をしながら、就職が決まるか否かもわからないという不安を抱えながら、修習生活を送ることになり、**本来必要な文献の購入も控え、貴重な学習の機会があってもそれにかかる経費を節約する等、充実した修習からほど遠くなるように思います。**実際、修習が始まってみて、本当に不条理な制度であると実感します。交通費等の負担の大きさから就職活動も制限されてしまい、修習生と法律事務所とのマッチングも制約され、ひいてはせっかく養成した人材が活かされないことにもなります。このままでは、**経済的に恵まれた人しか法曹にはなれないことになり、多様な人材を確保するという司法制度改革の理念にも逆行します。**私たち司法修習生のみならず、国民の皆様のためにも、給費制の維持をぜひ実現していただきたいと思います。

Bさん

法科大学院在学中にお世話になった大ベテランの先生から、「修習のとき、国のお世話になって育ててもらったという意識が残っているから、未だに少年事件なんかもやってるんだよなぁ」というお話しを聞き、私もそんな弁護士になりたいと強く思っていました。しかし、現在の自分の心境を正直に述べると、**国に育ててもらっているという意識は生まれようがなく、**もちろん自主的に社会貢献につながる活動はしていくつもりですが、それを社会の側から求められる義理はまったくないと感じてしまいます。多くの修習生が多額の借金を背負って法曹となれば、ボランティア的活動に従事する余裕がない弁護士が増え、報酬のことを一番に考えざるをえなくなるでしょう。**貸与制は、今後の法曹の在り方に深刻な影響を与えることになるかもしれない**と感じます。

Cさん（貸与金申請せずに修習）

よく、貸与を受けていない修習生もいることが給費制不要論の根拠のひとつとして挙げられていますが、貸与を受けていない人の実情を理解していない考えだと思います。将来の返済の負担や就職難を考えて、家族に頭を下げて協力してもらい、貸与を受けないことを決めた人も少なくありません。数年後の返済の負担がない分、貸与を受けざるをえなかった人よりも恵まれた環境にあることは確かですが、その分、修習中の1年は、生活費、就職活動費、交際費等を切り詰めた生活を送らざるをえません。最近、足の形が変わったのか、スーツ用の革靴がブカブカになってしまったのですが、買い替える余裕がありません。修習が始まる前に、親と話合い、「この1年はなんとか乗り切って、親からお金を借りてまでこの道を選んだのだから、弁護士になった1年目から、公益的な活動にお金を使って社会に返していこう」と考え、貸与を受けないことを決めたので、今でも貸与を受けなかったことは後悔していません。ただ、裁判所の廊下を急いで歩いているときに革靴がスポンと抜けた瞬間、手持ちの六法よりも掲載条文の多い六法が欲しいと思っても「値段が高いしなぁ」の一言で諦める瞬間、何をしているんだろうとむなしい気持ちになります。

Dさん

貸与金という借金を切り崩して衣食住にあてていること自体、情けなくなります。私には妻子がいるのですが、**家族の年金や健康保険も貸与金から支払っています。**

Eさん

修習生になるまでに、**経済的理由で法曹の道を諦めた友人や、多額の負担を背負って受験をしてきた**

友人を多くみかけました。人権を守るための弁護士になるのに、経済的理由で諦めざるをえない人がいるという状況は、非常に悲しい状況だと思います。だれもが、平等に法曹を目指せるよう、これから頑張りたいと思います。

⑹ まとめ

「貸与制」は、それ自体、導入された際の前提とされた事実が現実には存在せず、合理的理由のないままに法改正され、現に実施されている極めて不合理な制度です。

そして、この貸与制のもとでは、修習専念義務こそ従前どおり課しているものの、毎月借金が増えていく経済的不安感から司法修習に集中できない、経済的理由で司法修習の実をあげるために必要・有益な支出ができない、現に体調を崩す等の弊害が出ています。

貸与制は、司法修習が法曹実務家になる前に法曹三者すべての実務に触れる唯一無二の大変貴重な機会であるにもかかわらず、司法修習生が修習に集中できない環境を作り出していると言わざるをえません。司法修習生が修習に集中できない、思うように修習の実をあげられないとなれば、司法修習修了後にはこの国の司法を担う法曹になるだけの実力を付けるという司法修習の目的は阻害されます。

そして、この目的が阻害された司法修習制度では、司法サービスの受け手となる国民の皆様の権利擁護が十分にはかられなくなる危険性があるのです。つまり、司法修習につき給費制が廃止され、貸与制という名の無給制（多くの司法修習生にとっては事実上の借金強制制度といっても過言ではありません）が導入された問題により、最終的に不利益を受けるのは、司法サービスの受け手となる国民の皆様なのです。

このように、給費制が貸与制へ切り替わってしまったという問題は、貸与制という制度自体が不合理であることもさることながら、司法修習生だけの問題ではなく、この国の司法基盤に関わる問題であり、国民の皆様全員に関わる問題なのです。

4 ビギナーズ・ネットの活動の軌跡

これまで、給費制の歴史・意義、貸与制の問題点についてお話しました。ビギナーズ・ネットは、司法修習には給費制が必要であり､貸与制を導入することは、お金持ちしか法曹になれなくなる上、司法による権利救済を求める市民の皆様に関わる問題であると考えています。ここからは、ビギナーズ・ネットの設立経緯や活動をご紹介させていただきます。

(1) ビギナーズ・ネットができるまで

本章2の(1)④において、平成23年11月1日以降から貸与制に切り替わってしまったとご説明しましたが、実は、平成16年の改正裁判所法では、当初平成22年11月1日以降に採用される司法修習生から貸与制が導入されることとなっていました（その後法改正により切り替え時期が一年延長）。

しかし、貸与制へ切り替えられようとしていた平成22年には、法曹を目指す若者の多くが、既に法科大学院での奨学金という借金を、平均額で約350万円も抱えているという現状がありました。また、弁護士業界を取り巻く環境は、弁護士激増による弁護士の就職難・収入の大幅減少等、貸与制への切り替えが決定された当時とは大きく変わっていました。お金持ちしか法曹を目指せないばかりか、経済的に困窮する法曹の出現によって国民の皆様の権利が守れない等、司法基盤の脆弱化が大いに危惧されました。

そこで、平成22年4月、日本弁護士連合会が「司法修習費用給費制存続緊急対策本部」を設置し、従来の給費制を維持するよう運動を始めました。これに呼応するように、弁護士だけでなく、法曹を目指す若者たちが、弁護士と一緒に声を上げるようになりました。

そして、平成22年6月10日、法曹志望者の現状についてよく知っている当時弁護士1年目の若手弁護士と法曹を目指す人たち、つまり、最も当事者的立場にある人たちが集まり、給費制維持を求める当事者の団体として、「ビギナーズ・ネット」が設立されました。

(2) 「ビギナーズ・ネット」を認識してほしい！

私たちは、一目で「ビギナーズ・ネット」のメンバーだとわかってもらい、何をしているか認識してもらえる必要があると考えました。そこで、私たちは、「しゅうしゅう君」と「クリームちゃん」というキャラクターを作りました。また、ビギナーズカラーを青色と決め、青色のTシャツを作成し、この青いTシャツを着て活動するようにしています。

(3) ビギナーズ・ネットの活動内容

貸与制を給費制に戻すには、貸与制を導入した裁判所法の改正が必要です。法改正のためには、国会に働きかけるだけではなく、国民の皆様に、この問題を広く知っていただき、ご賛同を得ることが重要です。

このため、ビギナーズ・ネットは、次のような様々な活動を行っています。

①国会議員への陳情

国会議員事務所にビギナーズメンバーがお邪魔し、国会議員や議員秘書の方へ、法曹を目指す若者を取り巻く厳しい経済状況や、現に貸与制で司法修習を受けた人による経済的に過酷な修習の実態等をお伝えした上、給費制復活の必要性を陳情しています。

②あいさつ運動

全国会議員の議員事務所がある東京の「議員会館」前で、国会会期中、チラシを配りながら給費制復活のお願いをする「あいさつ運動」を実施しています。既に何年も続けているため、今では、足を止めて声をかけて下さる議員や秘書の方もいらっしゃいます。

③集会等の開催（共催含む）・当事者の声の発言

給費制廃止・貸与制導入問題を、永田町のみでなく広く皆様に知っていただくべく、様々なイベントを行い、そこで当事者の声を発信しています。弁護士会や司法修習生の給与支給の継続を求める市民連絡会と共催する等し、議員会館内での院内集会や全国各地での市民集会を開催したり、学生向けの勉強会を開催したりしています。

④署名集め

弁護士会、市民連絡会と共同で署名集めを行いました。平成22年に行った給費制維持を求める署名は、

67万8630筆も集まりました。また、平成26年に行った団体署名では、日本医師会、日本青年会議所、全国消費者団体連合会といった様々な団体からご賛同いただき、賛同数は2100を超えました。これらをもとに政府や国会議員に対し、給費制復活に国民の皆様のご理解が得られていることを伝えています。

⑤声明の発表

政治情勢に合わせ、給費制を早期に復活させる法改正を求める声明や、法曹養成制度を検討している機関に当事者の声を聞いた上で制度設計をするよう求める声明を、これまで複数回にわたり発表しています。

⑥記者会見

司法修習を目前に控えた修習予定者から貸与制に対する不安の声を話したり、声明を発表するため、記者会見を行っています。記者会見の様子はテレビや新聞、ネットニュースで報道されました。

⑦各種媒体を使った広報活動

ビギナーズ・ネットは、広報のためのチラシを様々な場で配ることだけではなく、これまでテレビや新聞への取材協力も多数行っており、現にテレビ番組の特集や新聞記事にしていただきました。また、ホームページはもちろん、SNSを活用し、活動報告やイベントの告知、各種イベントの様子等を配信しています。ぜひ「ビギナーズ・ネット」で検索してみてください!

(4) 活動を続けてきた成果

平成22年以来様々な活動を続けてきたところ、当初は議員面談の予約をお願いすることさえ苦労していましたが、今ではビギナーズの「青いTシャツ」は国会議員の間でも認知されるようになり、直接会ってお話を聞いていただけるようになりました。また、各種イベント等では、国会議員や市民の皆様、マスコミの方に、「ビギナーズの皆さんはいつも頑張っている。私たちも給費制復活へ向け頑張りましょう!」といっていただけるようになりました。そして、イベントや署名活動、マスコミの方を通じて、国会議員のみにとどまらず国民の皆様に法曹を目指す当事者の声を届け続けてきた結果、給費制復活の必要性が広く認知されてきたと実感しています。その成果として、数年前にはなかなか見えてこなかった給費制復活への道筋が、少しずつ見えてきました。そこで次に、この問題をめぐる政治の動きについてご説明いたします。

5 給費制の維持・復活をめぐる政治の動き――裁判所法改正をめざして！

(1) 平成22年――法改正により給費制1年延長！

平成16年12月3日、従前の給費制を貸与制に切り替える改正裁判所法が国会で成立し、平成22年11月1日に施行されることとなりました。

しかし、実際に貸与制への切り替えが目前に迫った平成22年に入り、弁護士会やビギナーズ・ネット、市民連絡会等が、給費制維持を求めて活発に活動を行いました。その結果、与野党において給費制をとりあえず1年間維持するとの合意がなされ、同年11月26日、貸与制への切り替え日を1年延期する改正裁判所法が成立し、即日施行されました。これにより、初の貸与制下での司法修習を受ける予定であった新64期司法修習生は、給費制のもとで司法修習を受けることができました。また、このときの改正裁判所法において、平成23年10月31日までに、法曹養成制度全体についてもう一度議論することとなりました。

(2) 法曹養成フォーラム（平成23年5～10月）

改正裁判所法により、平成23年10月31日までに法曹養成制度について議論することとなったことを受け、同年5月13日、政府は「法曹の養成に関するフォーラム」を発足させ、①給費制を含む法曹養成課程への経済的支援、②法曹養成制度全体の在り方が議論されることとなりました。

しかし、わずか3カ月後の8月中に取りまとめることが前提とされ、司法修習につき給費制か貸与制のいずれであるべきかについては、「議論」というよりも貸与制へ移行することを「確認」する場でしかなかったといっても過言ではないような話しかされませんでした。この間も、フォーラムとは別に、国会議員らにより給費制維持についての検討がなされており、8月23日には、当時与党の民主党法曹養成検討PTにおいて、給費制を継続すべきとするとりまとめがなされました。それにもかかわらず、同年8月31日、フォーラムは貸与制移行の方向性を確認し、同内容でのとりまとめがなされ、フォーラムでの議論は終了しました。

そして、平成23年11月以降の給費制を維持する裁判所法改正が叶わないまま、新65期司法修習生から、貸与制での司法修習が始まってしまいました。

(3) フォーラム終了から平成24年7月まで

フォーラムによるとりまとめがなされた後、平成23年秋の臨時国会中、衆議院法務委員会には、貸与制を前提に返済猶予条項を加えるという政府案の他、2年間の給費制維持を内容とする裁判所法改正案も提出され、多くの議員から給費制を維持すべきとの声が挙がっていました。しかし、審議未了のまま急遽国会が閉会し、継続審議となりました。

平成24年の通常国会における法務委員会では、裁判所法改正案の審理はなかなか進みませんでした。そして、貸与制での司法修習が数カ月経過してしまい、結果的に、給費制維持を前提とする改正法案は否決され、貸与制を前提とする政府案が可決されました。ただし、弁護士会やビギナーズ・ネット等の強い要請により、この政府案には、あらためて法曹養成制度全体について検討することが付け加えられました。その結果、平成24年7月27日、貸与制を前提に返済困難者の返済を猶予することに加え、付帯決議として、1年以内に、司法修習生に対する経済的支援を含む法曹養成制度全体について検討することとされた改正裁判所法が成立しました。

(4) 法曹養成制度関係閣僚会議・同検討会議（平成24年8月〜平成25年7月）

平成24年7月の裁判所法改正にもとづき、内閣に法曹養成制度関係閣僚会議が設置され、その下に法曹養成制度検討会議が設置されました（実際の議論は概ね「検討会議」が担当）。

検討会議においては、新たに選任された委員から給費制を復活すべきとの意見も出されていました。また、検討会議が実施した法曹養成制度に関するパブリックコメントでは、司法修習生の経済的支援につき2000通以上もの意見が寄せられ、その大多数が「給費制を復活させるべき」というものでした。それでもやはり、平成25年6月26日、検討会議は、貸与制を前提としたとりまとめを行ったのです。

ただし、検討会議のとりまとめにおいて、平成25年11月に採用される67期司法修習生より、①修習地への移転費を支給（距離に応じて一定額）、②兼業許可基準の緩和、③和光の寮問題（埼玉県和光市での集合修習中に司法研修所の寮に入れず、家を借りるため約20〜30万円支出しなければならない人がいた問題）の解消を行うこととしました。その上で、今後も法曹養成制度全体の中で司法修習の在り方を検討していくこととなりました。他方、

この頃までには、これまでの活動の結果、給費制復活の必要性が国会議員の間に広く認知されてきました。そして、この間の検討会議における「貸与制ありき」の議論に危惧を感じた国会議員らにより、政党単位での提言が出されました。しかし、これらの提言がなされていたにもかかわらず、同年7月16日、法曹養成制度関係閣僚会議は、検討会議のとりまとめをほぼそのまま決定し、2年以内を目途に残された法曹養成制度の課題を検討すべきとの決定を行いました。

(5) 法曹養成制度改革推進会議（平成25年9月〜平成27年7月）

平成25年9月17日、閣僚会議の決定を踏まえ、法曹養成制度全体につき議論する機関として、法曹養成制度改革推進会議が設置されました。あわせて、法曹養成制度改革顧問会議が設置されました。そして、同会議において、法曹養成制度全体の在り方について議論がなされました。

この間も、ビギナーズ・ネットは、弁護士会や市民連絡会と共同し、また単独で、給費制復活に向けた様々な活動を地道に続け、国会議員や市民の方々に、この国の司法のために給費制復活が必要であることを伝え続けていました。

そのような中、平成27年5月、法科大学院の受験者数がついに1万人を下回ったことが明らかになり、法曹を目指す人が激減している現状は、マスコミ各社に

大々的に取り上げられました。法曹を目指すには大きな経済的負担がかかること、しかし法曹を取り巻く経済状況は相当悪化していること、そのため、そもそも経済的に法曹を目指せない人や、法曹の魅力低下により法曹以外の道へ進む人が増えていることが、ついに大きく知れ渡ることとなったのです。そして、このままではこの国の三権の一翼である司法の担い手の質が低下し、司法基盤が脆弱化することへの危機感が、永田町にも広く理解されるようになりました。このような状況の中、同年6月30日、推進会議は、司法修習生の経済的支援につき、以下のとりまとめを行いました。

「法務省は、最高裁判所等との連携・協力のもと、司法修習の実態、司法修習修了後相当期間を経た法曹の収入等の経済状況、司法制度全体に対する合理的な財政負担の在り方等を踏まえ、司法修習生に対する経済的支援の在り方を検討するものとする」。

これまで、様々な会議体でなされてきたとりまとめでは、すべて「貸与制を前提」という言葉が入っていました。しかし、ついに、貸与制を前提としない、つまり給費制復活も含め、司法修習生への経済的支援の在り方が検討されることとなったのです。

⑹ その後（平成27年後半〜現在（平成28年2月））

平成27年以降、私たちは、これまでの様々な活動に加え、イベントを開催する際や国会議員へ陳情を行う際に弁護士会や市民連絡会と共同し、国会議員に給費制復活への賛同メッセージを書いていただくようお願いしてきました。

こうして集めた国会議員からの賛同メッセージ数は、平成28年1月20日、ついに**全国会議員717名の過半数を超え**、同年2月までにその数は**375通**となっています。そして、直近の同年2月9日に開催された院内集会では、出席した多数の国会議員から、党派問わず、「法曹に有意な人材を集めるため早期に給費制を復活すべき」、「今国会に改正法案を提出する」、「70期司法修習生(平成28年11月採用)からは給費制を」等、給費制復活へ向けた具体的かつ力強い言葉が次々と語られるに至っています。

私たちは、この国会議員たちの言葉を実現してもらうため、より一層元気に活動を続けていきます。

（こじま・たかこ）

第３章
給費制の意義と貸与制の弊害

1

司法修習と給費制の意義

弁護士　宇都宮　健児

(1)　給費制維持の闘い

おそらく、給費制がなければ裁判官、検察官、弁護士になれなかった人も相当数いるのではないでしょうか。私もそのうちの一人です。

私の父親は元々、復員軍人でした。若いときに戦争に行き、10年くらい戦争に従事していましたが、途中で爆撃機の操縦士になり、終戦直前に米軍の戦闘機に打たれて足を負傷しました。田舎の愛媛県に帰ってきてからは農家となりましたが、自前の畑がないことから稼ぎにならず、一家で大分県の国東半島に引っ越しました。両親はそこで開拓農家として開墾を始めました。来る日も来る日も木や草を抜き、何度も鍬で土を起こして畑を作っていました。私を含めた子供たちも家族総出で収穫や出荷の作業をしていました。もちろん生活は苦しかったです。

大学に入学する際も、弁護士を目指そうとは思っておらず、官僚になるか大企業に入って親に楽をさせたいと思っていました。しかし、大学入学後、仲間と議論するうちに自分自身が学んだことを社会に生かす必要があるのではと考えるようになりました。そのようなことが可能となるのが弁護士なのではないかと考え、司法試験の勉強を始めました。

もしこのとき、仮に給費制が存在せず、司法試験に合格した後も無給での司法修習を行い、借金を背負わなければならないという状況であれば、おそらく私は弁護士を目指すことはなかったと思います。

私は、平成22年4月より、日本弁護士連合会会長となりましたが、平成16年の裁判所法改正により、平成22年11月より給費制が廃止され、貸与制に移行することになっていました。私は日本弁護士連合会内に「司法修習費用給費制維持緊急対策本部」を設置しました。そして、「司法修習生に対する給与の支給継続を求める市民連絡会」の皆さんや、法科大学院生や若手弁護士らで結成された「ビギナーズ・ネット」の皆さんと、給費制維持の運動に取り組んだ結果、同年11月26日、裁判所法を改正させて給費制を1年延長させることができました。新64期司法修習生、現行65期司法修習生までは、給費制を維持することができたのです。しかし残念ながら、新65期司法修習生からは給費制が廃止されてしまい、現在に至っている次第です。

⑵ 統一修習と給費制の意義について

戦前の大日本帝国憲法下においては、司法権は天皇に属し、裁判所は「天皇ノ名ニ於テ」司法権を行使する存在でした。このため、司法権の独立や裁判官の独立の保障が十分でなく、司法は治安維持法違反などによる人権弾圧を抑止することができませんでした。

戦後、日本国憲法により、三権分立制度と司法権の独立が確立しました。

単一の国家機関に権力が集中すると権力が濫用され、国民の権利、自由が侵害されるおそれがあります。三権分立制度の狙いは、権力を相互に監視させ、国民の権利、自由を守ることにあります。また、司法の役割は、憲法が保障する国民・市民の基本的人権を守るという観点から、行政と立法をチェックするところにあります。

ところで、戦前のわが国の判事や検事の採用制度では、司法試験合格者の中から、司法省が司法官試補を採用して修習が行われ、その後、判事と検事に任命されていました。そして、司法官試補に対しては、公務員としての給与が支給されていました。

他方、弁護士については、判事・検事とは別の試験によって資格が付与されていた時期があり、判事・検事と同一試験とされた後も、弁護士試補の修習は無給であり、かつ修習の内容も司法官試補とは異なるものでした。

戦前の弁護士は、法曹養成課程だけでなく、身分上も判事・検事より低い地位での取扱いを受けていました。すなわち、戦前は、弁護士・弁護士会は、国家の監督下に置かれており、検事長は国家の意にそわない弁護士の懲戒申立てをすることができました。また、司法大臣は、弁護士会の総会監察、決議の認可・取消、議事停止等を行う権限を有していました。

昭和24年に成立した新しい弁護士法は、戦前の反省の上に立って、弁護士・弁護士会が国家の監督を受けない「弁護士自治」が認められ、弁護士の懲戒処分は弁護士会だけが行えることになりました。また、新しい弁護士法1条は、「弁護士は、基本的人権を擁護し、社会正義を実現することを使命とする」と定めています。

このように、戦後わが国では、人権弾圧を抑止できなかった戦前の制度の反省を踏まえ、裁判官・検察官・弁護士の法曹三者を三権の一翼である司法を担う人材と位置づけ、法曹の養成は、裁判官・検察官・弁護士のいずれになるかを問わず、国が責任を持って行い、司法修習生に対しては給費が支給されるという「統一修習」と「給費制」が導入されたのです。

統一修習と給費制の導入を定めた裁判所法は、日本国憲法の施行日と同じ昭和22年5月3日に施行されています。新65期司法修習生において給費制が廃止されるまで、64年もの間、給費制は継続されてきたのです。

(3) 給費制を廃止する理由に根拠がないこと

給費制を廃止し、貸与制に移行した大きな理由としては、国の財政難が挙げられています。

しかしながら、統一修習と給費制が導入された昭和22年当時のわが国の経済状況は、まさに国家的な財政破綻状態にあったのです。当時と比較すれば、現在ははるかに財政的に余裕があるはずであり、財政的理由は、給費制を廃止する理由にはなりえません。

また、国は、給費制は国民の理解が得られないことを、給費制を廃止する理由にあげていますが、平成25年4月12日から同年5月13日にかけて実施された「法曹養成検討会議・中間取りまとめ」に対するパブリックコメントにおいては、法曹養成課程における経済的支援について意見を述べた2421通のうちの大多数が給費制維持を求めるものでした。

さらに、返済能力があることを理由に給費制が廃止されましたが、それも実態を踏まえたものではありません。司法修習生に任命される者のうち、奨学金などの借入がある者は、平均約358万円の負債を負っているところ、司法修習生となり貸与を受けた場合には原則299万円（月23万円×13カ月）の借金を新たに負うことになり、これらの者は、平均650万円以上の借金を背負って法曹生活を開始することになります。負債総額が1000万円を超える者も珍しくないといいます。現在、弁護士の2割が所得70万円を下回るというデータもあり、また、若手弁護士の収入は減少傾向にあります。今後、貸与金を返済できない修習修了者が出ることは想像に難くありません。もちろん返済可能性から制度の是非を問うこと自体が誤ったものであると考えていますが、国が理由として挙げている論拠自体に大きな欠点があることは明らかです。

⑷ 私の思い

現在、重い経済的負担、就職難等を理由とする法曹志願者の激減、給費制廃止を原因とする司法試験合格者の中からの司法修習辞退者の増加等が数字として明確に表れており、わが国の法曹養成制度は危機的状況に陥っているといっても過言ではありません。

司法の役割は、国民・市民の人権を守ることにあります。人権が侵害されるのは、多くは少数者、社会的・経済的弱者であり、その方々の人権を守ることが司法に求められる役割といえるでしょう。それを実現するためには、多様な人材から構成される法曹界を作る必要があります。その中には困難な状況に陥っている少数者、社会的・経済的弱者の気持ちが理解できる法曹も多く求められているのです。過去の私がそうであったように経済的に恵まれていない人間でも目指しやすい制度こそが、このような司法のあるべき姿を実現できるのです。

国民・市民の人権を守る法曹を育てるためには、誰もが法曹を目指せる制度でなくてはなりません。そのためにも、給費制、つまり国費で法曹を養成する制度が絶対に必要なのです。

この活動を始めてから、各地の弁護士のみならずビギナーズ・ネットを中心に全国の学生・司法修習生も当事者の立場からこの問題に関わり、弁護士会と共に声を上げています。また、貸与制が開始された新65期・新66期・67期の弁護士からは国に対し訴訟が提起されており、私も弁護団長としてこれに加わっています。

これから司法を目指す若者のみならずこの国の司法、ひいては国民・市民の人権に深く関わる問題であるため、今後も、給費制の必要性を広く国民・市民に訴え続け、何としても給費制の復活を勝ち取りたいと考えています。

（うつのみや・けんじ）

院内意見交換会レポート

現在、私は、弁護士の道を諦めています。司法試験受験までに奨学金で800万円以上の借金を背負うこと、合格したとしてもさらに300万円の借金を背負うこと、弁護士の就職難といわれる中で本当に返済していけるのか不安があることからです。

私が初めて院内意見交換会に参加したのは、2年ほど前のことでした。大学の先輩に誘われて参加した当時は、「給費制復活はまだまだ遠そうだなあ」という印象で、今ほどには盛り上がっていなかったように思います。しかし、この問題は弁護士を目指している自分にとって無関係ではないし、今後の日本のためにも解決しなければならないことだと考え、私はビギナーズ・ネットで給費制復活のために活動することを決意しました。

平成28年に入り、給費制復活へ向けた活動に大きな節目が訪れました。2月9日に開かれた院内意見交換会で、国会議員からの賛同メッセージが371通となり、国会議員の過半数を越えたのです。これを受けて、各政党の代表者に、日弁連と日本のすべての弁護士会、ビギナーズ・ネット、市民連絡会による声明と国会議員による賛同メッセージ集を提出しました。

また、弁護士の服部先生からは、司法試験に合格した友人が、経済的事情で司法修習に行くことを諦め、公務員の道を選んだというエピソードが紹介されました。志を持ち、大変な思いをして必死に努力して司法試験に合格したのに、お金がないからその道を諦めざるをえない。このような制度は明らかに間違っていると思います。

与野党を問わず多くの国会議員からも給費制復活を求める発言が続き、国会議員の皆様も私たちと同じ気持ちでいてくれているのだと伝わってきて、今までの運動がようやく実を結ぶのだなと実感しました。

私は、民間企業に就職することを決めましたが、これから法曹の道へ進もうとする人たちには、私のように経済的理由から法曹への道を諦めてほしくありません。そのためにも給費制復活を絶対に成し遂げたいと思っています。

ビギナーズ・ネット　深山　安幸（大学生）

2 市民の声

(1) 医師・歯科医師と同様に国の責任で

歯科医師　伊藤　智恵

私は、市民のための法律家を育てる会（宮城）の共同代表をさせていただいています、歯科医師の伊藤と申します。なぜ歯医者が市民のための法律家を育てるのかという疑問を持たれる方がいらっしゃるかもしれません。

歯科医師になるには非常にお金がかかる授業を受けなければなりません。授業料だけでなく、実習費・教科書も高額です。でも、私たちの大学は学生運動の結果、実習費無償化となり、国がお金を出してくれました。そのおかげで、実家は決して裕福ではなかったものの、私は歯学部を卒業することができました。

そして、卒業してからは研修医として、お給料をいただきながら、2年間みっちり、寝る間もなく勉強させてもらえました。ですから私は、税金で育てていただいた歯科医師だということを忘れないで今まできたつもりです。

そして、税金で育てていただいたからこそ、いい医療を患者さんに提供したい。そんなに裕福な家庭ではなかった私が、今こうやってもう四半世紀も開業して、専門医として患者さんに向き合えることを本当に感謝し、国民の健康に精一杯貢献することが、税金で育てていただいたお返しになると考えています。

最近ようやく、子供の貧困や女性の貧困について、国が動いてくれるようになってきました。私自身が母子家庭で息子を育てているため、片親で子育てをする仲間がたくさんいます。みんな大変苦労し続けていますが、ようやく光が見え始めてきたということを、いろいろな形で聞くようになりました。嬉しい変化です。

でも、そのような少しの光も見えないときに、ずっと貧困と向き合って支えてきたのは、政治ではなく弁護士だったと思います。ずっと国民を守ってきてくれたのは弁護士です。弁護士の努力によって、ようやく国が動いてくれるようになった。その弁護士たちが、貧困にあえいだらどうするんでしょう。そんなのおかしいではないですか。

私たち歯科医師、医師もそうですが、治療方針を間違った場合に、メンツのために、「もうやってしまったことだから、今までの経緯からすれば、これを変更するなどありえない」と言ってしまったら大変ですよね。そんなことはあってはいけません。

ですから、「これまでの経緯から貸与制ありきなんだ」ということは、治療方針を撤回せず、悪いと思っている治療を続ける医療行為と同じです。方針を間違ったならば、正しい方針へと修正していくべきです。

三権の一翼を担う弁護士が、とりわけ若い弁護士が貧困にあえいでしまえば、将来の日本をきちんと作っていくこと、国民を守っていくことはできないのではないでしょうか。将来の日本をきちんと作り、国民を守っていくためにも、医師や歯科医師と同じように、弁護士も国の責任で育てるべきです。給費制は必ず復活させるべきだと思っています。

⑵ 正義を担う若者から夢を奪ってはならない

主婦　北浦　恵美

私は15年近く、地域で廃棄物による環境汚染や騒音の被害などから生活を守る活動を、支援してくださる弁護団の方々と共に続けています。

廃棄物は処理しなければならない。そう言われて、施設の直近で被害を受ける住民は我慢を強いられてきました。でもそれはおかしいのではないか、と思いました。ですから、始まりはすごくシンプルに、「おかしなことはおかしいと声をあげよう」、そう思って始めました。

活動していく中でいろいろなことを学びました。おかしいという声を取り上げる仕組みが司法の中にあること。どんなに弱く小さな声でも、正義をもって迎え入れる社会。司法はそのための根幹であり、多数が力を持つ社会の中で一人ひとりの権利を守るためになくてはならないものです。だから、司法を担う人たちは、どんなに小さな弱い声にも耳を傾ける、そんな人たちであってほしいと願います。

その司法を担おうと法律家を目指すために、たくさんのお金がかかる、借金を重ねなければならない、多くの若者が借金の足枷で夢を失っていってしまう、そんな姿は絶対に間違っています。その先に正義があるとは私には思えません。

当事者が声を上げて闘うことこそが、社会を変えていきます。そして、そのためになくてはならないものが法の世界です。これまでの長い歴史の中のたくさんの人々の闘いがそこに詰まっているのです。

そんな声をあげようという人に、他にももっとひどい目に合っている人がいる。あなたたちはまだ恵まれている。そんな風にいわれたことがありますか。だから、みんなで我慢しろというのでしょうか？その言葉は犠牲の連鎖を産むだけです。そうではなく、みんなで声をあげましょう。そのための仕組みの根幹が崩されようとしているのですから。

私たちの権利を守るために、そして、誰でもが参加できる司法を次の世代にも手渡していくために、給費制の復活を願います。

(3) 弁護士が信念を貫けたから、私は救われた

冤罪布川事件の当事者　櫻井　昌司

私が冤罪により逮捕されてから40年以上、多くの弁護士が手弁当で活動してくれたおかげで、私は自身の汚名を晴らすことができました。手弁当で弁護士が活動してくれる、これは私だけのことではなく、他の冤罪事件についても同様です。また、現在、私は冤罪事件・再審事件の支援活動を行っていますが、そこにも多くの弁護士が力を貸してくれています。

もしも給費制がなくなり、借金を背負う人が増えれば、信念を持って冤罪事件に取り組んでくれる弁護士がいなくなるのではないか、信念を持っていても生活に困窮した弁護士がその信念を貫けないのではないか、そして、生み出された冤罪に苦しむ人がそのまま放置されるのではないか、と心配になります。私のように冤罪事件で苦しんでいる人がこれ以上、生み出されないためには、信念を持った弁護士を養成すること、そして、その信念を貫けるシステムが必要です。

日本は法治国家なのに、法を守る人の育成にお金を使わないのはおかしいと思います。一日も早い司法修習生の給費制の恒久的復活を求めます。

受験生として考えたこと

勉強をするために、ある程度お金がかかるのは仕方がないと思います。しかし、受験生が自分でなんとかできる金銭的な負担には限度があります。受験生への負担が過大な制度では、結局は、家庭の経済的な状況で進路が左右されてしまうと思います。

現在の制度は、裁判官、検察官、弁護士になるために、すでに法科大学院卒業という時間的・金銭的負担を受験生に強いています。その上、さらに金銭的負担を要求するのが貸与制です。このような制度は、受験生への負担があまりにも大きすぎると思います。

また、貸与制への移行が決められたときには、司法試験の合格者は3000人、法科大学院を卒業すればほとんどの人が司法試験に合格でき、裁判官、検察官を含めて法曹の数が増え、数が増えても弁護士が活躍できる新しい分野が広がっていく、ということが想定されていたと聞いています。しかし、現状はどうでしょうか。状況が変わったのであれば、貸与制を存続させる理由もなくなっているのではないでしょうか。

私はまだ法律家ではありませんが、受験生として、一般市民として、考えたことが二つあります。

①修習生は、なぜ税金を使って修習させてもらっているのか。司法修習とは、弁護士、裁判官、検察官を国が責任をもって育てるための制度であり、そのために公務員のような義務が課されているのだと思います。なぜ司法修習が行われているのかというと、法曹の仕事は市民の権利と密接に関わっており、公益性が高いからではないでしょうか。だからこそ修習生は真剣に司法修習に取り組む必要がありますし、国もこのような心構えで司法修習を実施してほしいです。

②給費制が復活した場合、弁護士になってどういう活動をしていくのか。どういう形で司法修習で学んだことを社会に還していくのか、市民の皆様に役立つ活動をするのか、受験生の時点から考えていきたいと思います。

給費制復活には、法曹の立場だけではなく、市民の立場からも、「なぜ給費制が必要なのか」「修習によって市民にどのような影響があるのか」を考え、市民の皆様に説明していくことが大切だと思います。

ビギナーズ・ネット　八村　美璃（大学生一年生）

3 給費制の実現と充実した司法修習を求める

弁護士　新里　宏二

(1) 院内学習会の開催（平成28年2月9日）

本年2月9日、衆議院議員会館において「司法修習生への給費の実現と充実した司法修習に関する院内学習会――過半数を超える国会議員からの賛同メッセージを力に今国会での裁判所法の改正を」が開催された。330人が参加し、国会議員は31名、秘書による代理出席は58名となった。国会議員からの賛同メッセージがその過半数359名を上回り、今国会での裁判所法改正も射程に入ってきた中での院内学習会であった。

当日は、上川陽子元法務大臣・現自民党司法制度調査会会長、盛山正仁法務副大臣にも裁判所法改正の要請を行った。過半数のメッセージ獲得が確実に給費の実現に向かう大きな力になっていることを感じる。

法学部学生、法科大学院、司法修習生及び若手弁護士などで組織されているビギナーズ・ネットのトレードマークの青いTシャツ・「青ティー」がやけに目立った。

筆者は、日弁連修習費用給費制存続緊急対策本部本部長代行を務めるが、ここまで5年にも及ぶ活動を担ってきた者として、彼らの現場からの意見、信念、友を思う気持ちや、自らの力で制度を変えていこうという勢いがここまでの運動を引っ張ってきた原動力であると確信する。少しこれまでの経過を述べることとする。

(2) 法曹養成制度改革推進会議での取りまとめ（平成27年6月30日）

昨年6月30日、関係閣僚による「法曹養成制度改革推進会議」が取りまとめを行い、その中で、司法修習生への経済的支援に関し、「法務省は、最高裁判所などの連携・協力の下、司法修習の実態、司法修習終了後相当期間を経た法曹の収入などの経済状況、司法制度全体に対する合理的な財政負担のあり方等を踏まえ、司法修習に対する経済的支援のあり方を検討するものとする」とされた。

平成22年貸与制の導入予定が、日弁連の活動や全国から寄せられた約70万筆の署名で1年延期、その後の検討組織である「法曹養成に関するフォーラム」では貸与制の導入が決定され、平成23年11月から、給与を支払わず希望者に生活費の借金をさせる貸与制（無給制）が導入された。平成24年8月、後継組織である「法曹養成制度検討会議」が設置され、翌平成25年6月取りまとめ、そこでは、貸与制を前提に、移転費の支給等が盛り込まれ、さらに、法曹養成制度改革推進会議で検討が続いてきていた。

今回は貸与制の前提がとりはらわれている点で画期的な前進といえるものとなった。

(3) なぜ、給費制が廃止されたのか？

給費制廃止・貸与制導入の理由は、大量の法曹を養成する必要から司法試験合格者を3000名に増加させること、裁判員裁判の導入、司法支援センターの設置等で司法関連予算が増大する。他方、司法修習修了後多くが弁護士になるが、返済は可能であり、給費制は国民の理解が得られない等とするものであった。

平成16年12月の裁判所法の改正で導入が決まったが、その際「経済的事情によって法曹への道を断念する事態を招かないように」との付帯決議が付された。当時から、給費制の廃止は経済的事情から法曹を目指せなくなる危険性が意識されていたのであった。

(4) なぜ、推進会議決定が貸与制見直しの方向を出したのか？

司法修習生のおかれた状況や修習の実態を見たとき、修習生がまさに悲鳴をあげていることによる。修習生の約半分が平均356万円の奨学金債務を抱え、修習生の7割が305万円の貸与金債務を抱え、修習修了時に約半分が400万以上の借金を抱え、600万以上の借金を抱える者も27％となっている。修習生のアンケートでも67％が経済的不安を抱え、その理由は63％が貸与制への不安、実際にも経済的理由による辞退者もあらわれている。

司法試験に合格しながら、修習を辞退して地方公務員となった方のメッセージが院内集会で読み上げられたが、その最後、「『法曹はお金のある人しかなれないんだね』との母の声は忘れられません」との発言は現状を言い当てている。貸与を受ける修習生も減っている。導入当初は修習生の87％が貸与を受けていたが直近の数値では70％へと減少している。他方、親族等からの援助を受けている者の割合は年々増加し、27％になっている。そのような重い経済的負担も大きな原因として、法曹志望者が大幅に減少している。

裁判所法改正の際の付帯決議で危惧された事態がまさしく起こっていることを示す修習生を取り巻く実態が、貸与の見直しを求めているというべきである。

(5) 日弁連の取組み

日弁連は、司法修習生へのアンケート調査の継続的な実施とその事実を広げる活動をしてきた。平成25年10月から団体署名、２１００筆、その中には日本医師会、歯科医師会、日本青年会議所、ＪＡ全農、日本公認会計士協会など多くの団体が含まれている。

平成24年以降は意識的に国会内での集会、各地での市民集会を精力的に行ってきた。平成26年12月からは、運動の可視化、効果的な国会議員対策として議員からの「賛同メッセージの過半数獲得運動」を強力に展開してきた。ビギナーズ・ネットとの共同の運動展開であった。

結果、本年１月14日、全国会議員７１９名の過半数３５９名の賛同メッセージが獲得できた。この結果を踏まえ開催されたのが２月９日の院内学習会であった。

(6) 日弁連が求める・給費の実現・修習手当

年々修習生を取り巻く状況は悪化していて、一刻の猶予もできない状況にある。法律実務家を育てる上で法曹三者の統一修習は極めて重要であり、だからこそ司法修習を義務として行わせている。その環境整備は国の責務であり、修習に専念できる基礎手当、住居手当・交通費、共済の仕組みを実現しなくてはならない。

現在、法曹養成制度改革推進会議の後継組織である「法曹養成制度改革連絡協議会」が、法務省、文部科学省、最高裁判所および日弁連をメンバーとして設置されている。本年１月18日の会議では若手法曹の収入調査等を行うことが決定され、本年３月、日弁連が若手中心（53期から67期、奨学金は68期まで）に収入調査が実施される。その対象弁護士数約２万３０００人、この調査の成功がまさしく給費の実現の大きな力になるであろう。

（にいざと・こうじ）

ビギナーズVOICE

ある司法修習生の生活

一般的な修習生は、ひと月23万円の貸与を受けることができます。ひとりで生活するだけならこれで十分でしょう。しかし、約2カ月毎に裁判所や法律事務所、検察庁を転々とする修習生にとって、歓送迎会という名の飲み会はもはや修習の一部となっていますし、就職活動のための交通費もばかになりません。

そういうわけで、ほとんどの修習生は皆さんが思っている以上に質素な生活を送っています。

貸与を受けずに仕送りを受けている人の事情も様々で、実家が裕福だからという人よりも、家族の健康保険や厚生年金などの関係でやむなく貸与を受けていないという人の方が多かったように思います。

私の同期の中にも、家庭の事情から貸与を受けなかった修習生がいました。彼は、月9万円の仕送りだけで生活していました。この金額には家賃や奨学金の返済も含まれています*。彼の部屋にはテレビも冷蔵庫もなく、電気代は常に1000円未満。一番安かった月で380円でした。そして、昼食は外食するとお金がかかってしまうので、裁判修習でも検察修習でも、庁舎内の冷蔵庫に牛乳を置き、ひとりでシリアルを食べて節約していたそうです。

そんな彼に、貸与制について思うことをインタビューしてみました。

修習という貴重な時間を、金銭的な問題でいろいろ制限されてしまったことがとても残念です。修習生と飲みに行くことも班で旅行に行くことも、仲間との絆を深めるという点で、非常に意味のあることですが、自分はそれも十分に経験できませんでした。

何より、修習は責任をもって取り組むべき「仕事」だと考えていますが、それに金銭給付が伴わないということに非常に違和感を感じます。責任感は金銭給付によって、より強化されます。修習生といえども、より責任を感じながら修習に取り組めるように給費制にするべきだと思っています。

ビギナーズ・ネット　Aさん（弁護士）

＊　平均月9万円。家賃4万2千円、奨学金の返済1万2千円。班旅行もサンダーバードは高いため、一人でバスで往復。

4

給費制廃止違憲訴訟の取組み

弁護士　野口　景子

(1)　給費制訴訟とは

給費制が廃止された後、最初に司法修習を受けた新第65期司法修習生は、平成23年11月末に修習を開始し、平成24年12月に修習を終えました。それから約7か月後、平成25年8月2日、211名の新65期生が原告となって、全国4か所の裁判所（東京、名古屋、広島、福岡）で提訴されたのが「司法修習生に対する給費制廃止違憲訴訟（給費制訴訟）」です。

給費制訴訟は、①給費制を廃止したことは憲法違反なので、給費制が廃止される前に支給されていた給費と同程度の金額を支払うこと、②給費制を廃止し、修習生に無給での生活を強制したことに対する慰謝料を支払うこと等を求めています（詳しい内容は、提訴した地域によって異なっていますが、ここでは割愛します）。

裁判は、現在も続いており、平成28年末頃からいよいよ原告本人尋問が行われるのではないかという見通しです（平成28年3月末現在）。

また、65期に続き、平成26年秋には66期が札幌、東京、熊本の3地裁で66期が、平成27年8月には大分地裁で67期が、それぞれ訴訟を提起しました。

(2)　どうして裁判なのか

給費制廃止は、大きく分けて2つの問題点が指摘できると思います。

大学生やロースクール生等、法曹を目指そうとしている人たちが経済的な理由で法曹になることを断念させられてしまい、法律家になれるかどうかが、能力ではなく、経済力で決まってしまう問題については、司法の弱体化、ひいては、市民の権利擁護の後退を招く

平成25年8月2日　於：東京地方裁判所前

ものとしてよく指摘されています。

もうひとつの問題点は、現役の司法修習生が、何の対価もなく、原則として兼業が禁じられ（新65期は全期間を通じて、全面的に兼業が禁止されていました）ながら1年間修習生活を送らざるをえないという司法修習生個々人の権利を侵害するという問題です。しばしば忘れられる視点ですが、少なくとも現在の日本で、1年間兼業を禁止し、全国への配転を強制し（引っ越し、アパートの家賃も自己負担）、さらに平日朝9時から夕方5時まで拘束し、その他にも重い守秘義務等を課しながら、何の対価・補償も受けられないという立場に立たされているのは、司法修習生以外にはいません。憲法で謳われている個人の尊厳、職業選択の自由、勤労権等に照らして、まったく問題がないということはいえないと思います。

給費制訴訟は、この2つ目の問題点、つまり司法修習生の権利が侵害されるという問題点からスタートしています。

給費制が廃止された後に修習を開始した人たちは、司法修習生に課せられた重い負担を身をもって経験しています。また、その後弁護士になった人たちの多くは、売上げが低迷する業界の傾向を目の当たりにしています。「こんなにひどい目にあった」「こんなにひどい目に遭ったけど、弁護士になっても借金を返せる見通しは明るくない」という思いをしているのです。

また、こうした素朴な思いはやがて「こんなひどい目に遭わなければ法曹になれないようでは、法曹志願者がますます減ってしまう」という、法曹界、ひいては司法制度の将来を案ずる思いにもつながっていくのです。

給費制訴訟は、こうした給費制廃止下での修習を経験した者だからこそ感じる当事者としての怒りと、一法律家あるいは一市民として司法の将来を懸念する思いから始まったものなのです。

(3) 一人一人の被害を伝えて

私自身、新65期生として司法修習を経験し、現在は給費制訴訟の事務局として活動をしています。

その中で、原告の陳述書を目にする機会があるのですが、改めて一人一人の実体験を聞くと、本当にさまざまな被害があるのだなと実感します。自営業で家計を支えていたのに修習生になると同時に借金での生活を強いられた人、裁判所の都合で入院・手術する日程の変更を迫られ余計な出費を強いられたものの、それに対する補償は何ら受けられなかった人、冬の豪雪地帯で暖房を使うのを我慢した人、修習中に親族が亡くなり、借金で生活していることも気にせずに親族が生きているうちにおいしいお酒を手土産に持って帰ればよかったと後悔している人……。陳述書を読むにつけ、少しでもこうした実態を知ってもらいたい、こんな環境ではまともな修習なんてできないし、志願者は減るばかりだと伝えたいと思います。

給費制訴訟のマスコットキャラクターである3羽のヒヨコたちは、それぞれ赤青白と3色の六法全書を抱えています。これは法曹三者を表すシンボルカラーである赤青白を基調に形作られた修習バッチにヒントを得たものです。弁護士、裁判官、検察官、どの道に進もうとも、卵からかえったヒヨコたちがすくすくと育ち、立派な法曹になれる制度が確立されるよう頑張っていきたいと思っています。

また、裁判の期日には、毎度多くの市民の方、法律家を目指す学生、若手の弁護士等多くの方にご参加いただいており、期日終了後に報告会を行っています。市民の方や学生からの質問に答えたりしながらこの裁判の内容や意義について理解を深める機会になればという思いでこの報告会も続けています。これまで裁判所に足を運ばれたことのない方にとっては近寄りがたい場所かと思いますが、一度ご参加いただければ当事者の生の声を聞いていただけますし、より身近な問題であると感じていただけるものと思っています。

皆さんも是非傍聴にお越しください。

（のぐち・けいこ）

給費制廃止違憲訴訟in札幌

平成27年10月15日午前8時半、新千歳空港に着陸。この日の札幌の気温は8℃。一年中タンクトップの私ですが、場所が場所だけに少し肌寒く感じました。

法廷に到着してから5分経過。原告側の弁護士が入廷してきました。見た目から個性的な弁護士が多いといった印象を受けました。といいますのも、北海道の雪のように真っ白なコートを着た弁護士や雪のように色白の美しい弁護士、一部の人は三度見をするくらいの強い個性がありました。

さらに、札幌の給費制廃止違憲訴訟は裁判官も含めて三者がそれぞれ色々な意見をぶつけ合っており、弁論がとても白熱していました。傍聴している私たちも自然と熱くなってきます。「法曹を志す後輩達に、金銭的な理由で夢を諦めて欲しくない。貸与制はおかしい」という弁護士の心の声が、傍聴席にもひしひしと伝わってきました。

そして、訴訟の終了間際に弁護団長である高崎暢弁護士が「これは、法曹界の未来がかかった訴訟なのです。裁判長には、是非とも将来の法曹界を担う若い人の言葉をもっとしっかりと聞いて頂きたい」と一言。この一言が法廷にいる全員の心を奪いました。全体の空気を一瞬止めるくらいの気迫のある一言だったのです。渋く、低く穏やかな優しい声なのに、その中には重く熱い強い想いが伝わってきました。

給費制廃止違憲訴訟を提起する理由は、法曹を志す後輩達に金銭的な理由で諦めて欲しくないという想いだけではありません。法曹を志す者が減り、法曹の質が低下することによって市民が不利益を被らないようにしようという公益的な理由も含まれているのです。

給費制で司法修習を終えた弁護士も訴訟団の中にはたくさんいます。直接的にはもう関係ないにもかかわらず、このように将来の後輩のため、ひいては市民のために頑張っているのです。このような社会のために活動する弁護士こそが私の目指す弁護士像であり、それを実現している訴訟団の弁護士たちが一段と格好良く見えました。札幌の給費制廃止違憲訴訟を傍聴して、自分も当事者としてもっと声をあげていこうと固く決意した一日となりました。

是非、皆様も一度傍聴してみてください!

ビギナーズ・ネット代表　竹崎　祐喜（法科大学院生）

第4章
ビギナーズ・ネットの紹介／当事者の声

1 ビギナーズ・ネットの紹介

弁護士　渡部　容子
（ビギナーズ・ネット初代代表）

(1) 給費制がなくなれば大変なことが起きてしまう！

わたしは、素朴な正義感から、中学生のときに弁護士を志し、当時新設されたロースクールで学び、給費制のもと、とても充実した司法修習を過ごし、平成22年1月に弁護士となりました。

弁護士になった年の11月から、司法修習生に対する給費制がなくなることが決まっていました。わたしは、自分や同期、後輩の経験から、「給費制がなくなったら大変だ！」という強い危機感を持っていました。わたし自身も、ロースクールで奨学金を借り、現在も毎月数万円の返済をしています。高い志があっても、経済的な理由により、法律家への道を諦める友人もたくさん見て、悔しく思ってきました。借金漬けになって、当初の希望とは異なるいわゆる「儲かる仕事」に勤しむ同期もいて悲しい気持ちも持っていました。「正義」や「人権」という金勘定でははかれない大事なものを扱うべき司法の世界で、給費制がなくなったら、この先どうなってしまうんだろう……、人材養成という最も重要な司法の根幹が揺るげば数十年後、取り返しのつかない事態が訪れてしまうのではないか……わたしは身震いする思いを持っていました。

想像するとすごく恐ろしいのにもかかわらず、その危険性が世間はもちろん、司法の世界にも知られていない現状がありました。すぐに行動を起こさないとだめだ！そう決意しました。

(2) 当事者が声をあげなきゃ！

わたしたちは、「当事者が動き出さなきゃ現状は伝わらない！」と思いました。大学生・ロースクール生・司法修習生・若手弁護士がネットワークを作り、一緒に、市民や国会議員、マスコミ等に呼びかけ、給費制の必要性を理解してもらう取組みが必要だと考え、平成22年5月、「ビギナーズ・ネット」を結成しました。ビギナーズ・ネットの輪は全国に広がり、現在、2700名以上のメンバーがいます。
一度決まった法律を改正するのはとても大変なことで、私たちは当初何から始めていいかもわかりませんでした。けれど、私たちはありとあらゆるアイディアを出し合い、すぐに行動に移していきました。わかりやすいリーフレットやチラシの配布、インターネット上での広報、議員への要請、各地での記者会見、署名集め、街頭での呼びかけ、議員会館前でのあいさつ運動等、トレードマークのターコイズブルーの爽やかなTシャツを着て元気に取り組みました。そして、平成22年11月、なんと給費制の1年継続の法改正を実現させました。大きな喜びでした。

その後は、政治の荒波もあり、残念ながら貸与制となってしまいましたが、今も法律を改正するための動きは絶えていません。国会ではビギナーズ・ネットの存在を知っている国会議員が多数となるくらい、私たちの取組みは浸透しつつあります。少しの力も、合わせれば大きな動きになると信じて、頑張っています。
社会の公正さを作る仕事である法律家の卵として、間違っていることに対してはきちんと間違っていると声を挙げ続けていきたいと考えています。
応援よろしくお願いします！

（わたなべ・ようこ）

2 当事者の声

(1) 司法修習生の声（20代男性）

はじめまして、私は第69期司法修習生です。

私は、小学校の卒業式の終了後に、当時いじめられていた友人から「これからも弱い者の味方であってほしい」といわれたことをきっかけに、社会的に弱い立場に置かれている人の手助けができる法曹になることを決意しました。しかし、私に重くのしかかってきたのは、経済的負担でした。母子家庭だった私の生活は苦しく、法曹になるまでの経済的負担を前に、法曹の道を諦めるべきか真剣に悩んだ時期もありました。

司法試験を受験するためには、大学を卒業後、原則として法科大学院を修了しなければなりません。大学と法科大学院の学費は裕福でない家庭の法曹志望者にとって大きな負担となっています。

私が大学の法学部に入学した当初は、同級生の約8割が法曹を目指しておりました。それが大学3年目になると、法曹志望者の数は法学部全体の3割未満になってしまいました。「俺、弁護士目指してたけど、金かかるしやっぱやめるわ」といって法曹の道を諦めた私の優秀な同級生の数も少なくありません。法科大学院に入学しても経済的に非常に厳しい生活を強いられる大学院生は大勢おりました。司法試験の受験勉強に1分1秒でも多くの時間を割きたい時期に、生活費等を稼ぐためのアルバイトをする者もおりました。幸い私は、大学、大学院と給付型の奨学金をいただくことができたため、借金をすることなく法科大学院を修了することができました。経済的観点からみれば、私も在学中にアルバイトをして生活費を稼がなければならない状況でした。しかし、「家計のことは気にせず、とにかく勉強に集中しなさい」との母の言葉に甘え、経済上2回目以降の受験は現実的に極めて困難な状況において必死に勉強し、1回目の受験で合格することができました。もっとも、母の収入をはるかに上回る支出を繰り返してきた結果、司法修習開始前に家の貯蓄はほとんど底を突いてしまった上に、母は身体を壊して就労不能な状態になってしまいました。

このような状況で、私のような法曹志望者に、さらに重くのしかかるもの、それが司法修習生の貸与制です。修習専念義務を課すことによって生活するための収入を得る道を閉ざし、年間約３００万円もの借金を負わせる制度、それが貸与制なのです。貸与制で借りたお金で、大学、大学院時代の学費の借金を返すという多重債務者が司法修習生の中に大勢いるのです。私は、貧困問題や奨学金問題に取り組む弁護士になりたいと考えておりますが、貸与制による借金を抱えた状況で、私と母の生活費を稼ぎつつ、公益活動を十分に行えるのか。不安な気持ちでいっぱいです。

平成27年11月17日／於：衆議院第一議員会館

(2) 修習辞退者の声（20代女性）

私は今年度、司法試験と公務員試験を受験し、両方とも合格することができましたが、進路を迷った末に、司法修習を辞退し、公務員の道を選択することと致しました。

私は大学時代、奨学金を借りてはいなかったものの、経済的理由から一人暮らしをすることができず、片道2時間半かけて大学に通い、法律の勉強を継続しました。大学院では奨学金を借り、その額は現在約３００万円に上り、すでに返済が始まっています。現在の司法修習は貸与制であり、法曹として働き始める頃には約６００万円の借金を背負うこととなります。加えて、修習予定地が実家からは通えない遠隔地であったため、引越費用、司法修習中の生活費用、就職活動のための交通費等、もろもろの費用がかかることとなります。

両親は共働きであり、現在は元気に働いてくれていますが、二人とも持病がありますし、年齢を考えると、いつ働けなくなってもおかしくはありません。

今回、進路を考えるにあたって、1年後という近い将来のことを考えました。公務員であれば来年４月から給料が入り、その後も一定程度安定した収入が見込めるため、借金を着実に返していくことができますし、両親の負担も減ります。加えて、実家から通勤できるため、土日には祖父の介護の手伝いをすることができ、両親を助けることができます。

一方、法曹の道を選択した場合、まず引越費用・生活費・交通費等の支出がありますし、1年後はまだ収入がなく、むしろ約６００万円の借金を背負っている状態です。祖父の介護をしながら共働きをしてくれている両親に申し訳ない気持ちになりながら約1年の修習を過ごすことになり、その後、どこか法律事務所等に就職できたとしても、仕事柄、安定した収入の保障はなく、常に経済的な問題を気にしながら仕事をしていくことになる、と思いました。

そのような近い将来のことを考えると、私は、ある程度の生活をし、きちんと借金を返していけるのかと本当に不安になりました。将来に対する恐怖に近いものをも感じました。

そんなとき、法科大学院の授業で実務家講師の先生がおっしゃっていたことを思い出しました。

「法曹というものは、強くなければならない。経済的・社会的・精神的に弱い立場の人が助けを求めて法曹を頼ってくる。そのような人々を受容して、その人を取り巻く問題を解決するためには、自分自身が強くなければならない。だから皆さん、どうか強くあってください」と。

その言葉を思い起こしたときに、私は今のこの不安定な経済的状況で、強くあれるのか、と自問しました。自分の借金を返していくこと、自身の日々の生活をすることが精いっぱいの状況で、弱い立場である依頼者の頼りとなるような法曹でいられるのか、精神的に強くあり続けられるのか、と考えました。

自問の答えが出たとき、私は法曹としての道を断念することとしました。

私と同じような境遇の人は他にもいます。

司法修習へ行くことを決意した同期の多くも経済的不安、将来への不安を抱えています。強固な意志があれば諦めずに法曹を志すはずであるとか、大袈裟に訴えており実際にはそこまで大した問題ではないのではないか、というようなご意見の方は、我々、法曹志望者の実情を理解していらっしゃらないのではないかと思ってしまいます。

今後は私たちのように、経済的理由から法曹としての道を諦めざるをえないような人々がいなくなることを願ってやみません。給費制を復活させることは、将来の法曹志望者を救いますし、法曹を頼って足を運んでくださる市民の方々をも救うことになると思います。たかがお金の問題と流さずに、今一度、真剣に法曹志望者の将来のことを考えていただけたらと思います。

平成27年11月17日／於：衆議院第一議員会館

(3)修習辞退者の声（20代男性）

私は今年度、司法試験に合格させていただいた者です。また、同時に受験した公務員試験にも合格させていただきました。悩んだ末、私は司法修習には行かずに、公務員を目指すこととしました。私が公務員を目指すこととした理由は主として2つあります。1つ目は公務員の仕事に魅力を感じたこと、2つ目は現在の司法制度や司法修習への不安があったことです。主に2つ目の理由についてお話ししたいと思います。

私は大学と法科大学院において奨学金を借りて通学していました。その額の合計は約600万円に上っています。私の家庭は裕福ではないため、司法修習に行くとするのであれば、お金を借りなければなりません。

今年、父が病気で倒れ、今までの仕事を続けることができなくなってしまいました。今まで生活してきた家も売却しなければならない状況です。現在、私の母が昼と夜の仕事を掛け持ちして家庭を支えており、母は体力的には非常にきつい状態であると思います。私には兄弟もおり、兄弟の学費もまだ必要な状況です。また、父の医療費が今後も必要となってきます。このような状況で、1年間の司法修習へ行き、無収入の状態で過ごすことは、母にさらなる負担をかけてしまうことになります。今の私に家族のために何ができるかを考えた結果、私が働いて両親や兄弟に仕送りをする、また、私の仕事が落ち着きましたら、遠隔地に住む両親を呼んで一緒に暮らすことによって家族の生活を支えたいという思いが湧きました。

私は公務員として働くことを決断しました。この決断には非常に悩みました。この決断に至ったのは今述べた消極的な理由だけでなく、公務員の仕事に魅力を感じたからでもあります。しかし、他方で、長年司法試験合格に向けて勉強し合格したにもかかわらず、同期の友人の多くが司法修習へと行く中、自分が司法修習へ行かない事への不安や寂しさもあります。友人に司法修習地について聞かれた際に司法修習へ行かないことを告げることに多少の抵抗もあります。

今後、私の後輩たちが経済的な事情から司法修習へ行くことを断念することがないような制度改革が行われることを祈りたいと思います。最後になりますが「法曹はお金がある人しかなれないんだね」という母の言葉が今も私の耳から離れません。

平成26年10月14日／於：衆議院第二議員会館

(4) 大学生の声（20代女性）

私は法学部法律学科3年生の大学生です。

私は法曹に憧れていました。人の役に立てる職業だからです。個人から企業まで幅広く関わり、紛争を解決することができるのは法曹だけだと思います。また、法曹になれば自分の周りの大切な人達に何かあった際、守ることができるとも考えていました。

このような理由から、法曹に憧れ、法学部に入り学んでおりましたが、卒業後の進路は法曹から志望を変更しました。

私が進路を法曹から変更した理由は金銭面です。法科大学院に進んだ場合、私立では年間約140万円、国立では100万円強の学費を3年間負担することになります。学費以外に通学に必要な交通費や教材費等を考えると私の場合は奨学金を借りねばなりません。3年間多額の奨学金を背負った先にある司法試験に合格したとしても、司法修習生の1年間も貸与をもらうことになります。司法修習も自宅から通いきれない場所になった場合、一人暮らしの費用がさらにかかり、就職するまでに多額の借金を抱えることになります。

最近はテレビや新聞などで弁護士の就職難や仕事難の問題が取り上げられています。多額の借金を背負った上で果たして今の状況で就職できるのか、状況を知れば知る程不安になりました。そして、個人的には多額の借金を背負ったまま社会人になることはできないと考え、法曹を諦めました。

法曹志望者はある程度の金銭的余裕がある人しかなれなくていいのでしょうか。一大学生の意見ですが、どうか法曹志望者が置かれている状況を考えていただければ幸いです。

(5) 弁護士（新65期司法修習／30代女性）

私は、大学や法科大学院では奨学金を借りていませんでした。しかし、司法修習中は貸与を受けました。それは、2回目の司法試験の受験直前に父親が脳出血で倒れ、失語症という高次脳機能障害が残ってしまったからです。

司法書士をしていた父親が倒れるまでは、私の家は両親が共働きをしていたおかげで、奨学金を借りる必要がありませんでした。しかし、父親は失語症という障害が残ったために、仕事を辞めざるをえませんでした。父親が残していた借金を一気に返済することを決めた母は、貯金をすべて解約して、借金をすべて返済しました。そのため、我が家には貯金はなくなり、母親が一家の家計を支えなければならなくなりました。本来であれば、私は、司法試験受験を断念し、直ちに就職先を探さなければならない立場に置かれたのです。しかし、私は、母親の強い支えにより、受験勉強を続けさせてもらうことができました。それだけに何が何でも早く合格しなければと必死に勉強を続けたのです。

そして、晴れて合格した私を待っていたのが、貸与制でした。これ以上母親に迷惑をかけられない、そう思った私は貸与を選択せざるをえませんでした。

給費制のもとでは、初任給を使い、親を食事に連れて行ったり、贈り物をしたと聞きます。しかし、私はそのような親への恩返しをすることができませんでした。貸与は借金にほかならないので、親には絶対反対されると思ったからです。

お給料をもらえるようになった今でさえ、私が母に援助することを申し出ると、自分の生活もそんなに楽ではないはずなのに、母は「借金返さなあかんのやからちゃんと貯めとき」と、私の申し出を断ります。

もうすぐ62歳になるのに、未だに喫茶店をして父親を養っている母親を、本来であれば、私が援助すべきなのに、それもできません。

それどころか、貸与金返済のための３３０万円を貯めるために自分に課した貯金のノルマが達成できているか、毎月貯金用の通帳を確認することが癖になりました。

私の夢をずっと応援してくれた両親に、なんの恩返しもできていない上に、貸与金のことで、まだ心配をかけているということが悔しいです。

私は今30歳ですので、数年のうちに出産ができなければ、妊娠・出産はどんどん困難になっていきます。出産のために産休を取らざるをえないことを考えると、休んでいる間の生活費や、出産のための費用を貯めなければなりません。しかし、私は今、そのような自分の人生に大きく関わってくる出来事に備えてではなく、貸与金を返済するためのお金を貯めています。

貸与金は、一回でも支払を怠れば期限の利益を喪失し、遅延損害金も発生するため、今まで働いたことがなく貯金のない私には、一括で貸与金３３０万円を返済することなど到底できないという不安があるからです。

自分が返済できないのであれば、また親に頼る羽目になるのかと思うと、貸与金相当額を貯めてからでなければ、他の用途へのお金を貯めることなど考えられません。

裁判官の皆様、弁護士業務のかたわら、自分の借金の返済のことが頭から離れないという生活を想像してみてください。返済のための貯金のノルマが達成できなかったときに、このままでは、貸与金の保証人になってくれた母親に、また迷惑をかけてしまうかもしれないと自分を責める気持ちを想像してみてください。

新司法試験下では、多くの者は、大学及び法科大学院を卒業し、若くて24・25歳で修習生になります。その場合、弁護士登録をするのは、ちょうど結婚適齢期にさしかかる25・26歳です。貸与金の返済と結婚・出産に備えて貯金をする必要がある時期ですが、貸与金の返済のための貯金を優先し、出産という選択肢をためらうこともあるのではないかと思います。ましてや、若く優秀な人たちが、こうした事情を嫌って法律家となる道を選択しなくなるとしたら、日本の司法にとってどれ程の大きな損害になることでしょう。

私は、自分の期から貸与制が導入されたのだから、私たちが立ち上がらなければならないという責任感から訴訟に参加しました。私が経験しているようなつらい思いをする人や、結婚や出産をためらう女性の修習生が出てくることを止めたいのです。

裁判所におかれましては、給費制のもつ意義や貸与制が修習生にもたらす悪影響に向き合い、公正な審理をしていただきますようお願いいたします。

平成26年1月20日／給費制廃止違憲訴訟意見陳述

エピローグ

みなさま、「ベンゴマン」お楽しみいただけましたでしょうか。

この本は、ビギナーズ・ネットの大学生チームを中心に企画・制作されました。「クラウドファンディングでマンガを作りたい」との提案を受けたとき、その目新しいアイディアに、やや戸惑いを感じました。しかし、そんな私をよそに、大学生たちはプロジェクトをどんどん進め、数カ月後には、若い世代の自由な発想がたくさん詰まった本が完成することになります。

振り返ると、この運動の中心には、いつも当事者がいたように思います。国会議事堂を見たこともない若者が、青いTシャツを着て永田町に飛び込み、緊張しながら国会議員に説明して回り、マスコミに向けても自分たちの言葉で発信してきました。活動開始から5年が経過し、党派を超え、司法制度改革への賛否をも超えて、理解が広がってきています。国会議員から寄せられた賛同メッセージの数は、遂に全国会議員の過半数を超えました。

今後はこの本も活用しながら、誰もが経済的事情にかかわらず法律家を目指せるよう、早期の給費制復活に向けて活動してまいります。

クラウドファンディングでは、次頁のとおり、たくさんの方々から温かいご支援を頂戴しました。心よりお礼を申し上げます。また、出版をご快諾いただいた現代人文社の成澤壽信社長、昼夜を問わず編集作業にご尽力いただいた齋藤拓哉さんにも、この場をお借りして感謝申し上げます。本当にありがとうございました。

2016年春

弁護士　萱野　唯（ビギナーズ・ネット代表）

http://www.beginners-net.org/

ご支援ありがとうございました

浅野康平、安藤雅範、池浦慧、池田桂子、石井誠一郎、石田法子、出田真樹子、市丸信敏、井上雄樹、今西雄介、上田智司、上野彰大、上田月子、上田優、魚住泰宏、宇都宮健児、榎本修、大賀浩一、大熊裕司、太田賢二、太田伸二、大野信一、岡田康平、岡田光、緒方蘭、尾川雅清、荻埜敬大、奥津亘、小野智映子、小野毅、小野裕貴、加藤和彦、加藤丈晴、門脇慧、河田英正、金井英人、釜井英法、川上大雅、河原昭文、河端武史、木川雅博、北村栄、清洲真理、切島一成、久山英恵、久野由詠、呉裕麻、纐纈和義、郷原由合、小町崇幸、古家野彰平、近藤幸夫、坂井昭彦、坂井崇徳、佐々木浩史、佐藤紀子、佐野就平、柴田収、嶋内雅人、島田明子、清水善朗、神洋明、杉本朗、住真介、青龍美和子、髙木士郎、高木成和、髙田一宏、髙橋博志、瀧澤啓良、武井奈保子、武田雄司、武本夕香子、田代宰、田中広樹、田中将之、種田和敏、田村裕輝、中禮啓文、千綿俊一郎、塚本和也、田場暁生、中川匡亮、中島順隆、中田大、中原隆志、新里宏二、西川研一、野口景子、野中智子、橋爪健一郎、服部政克、橋本祐樹、長谷川龍伸、秦洋二郎、畑雄太、畑地雅之、馬場幸三、林晃史、林知子、林優、林裕介、藤井照正、藤井嘉子、藤田祐介、藤原健補、藤本卓司、藤原由季子、舟橋和宏、堀江哲史、松葉知幸、松宮徹郎、丸野匡史、三浦杏奈、水田美由紀、水地啓子、南和行、宮里民平、宮本亜紀、宮本敦、宮本由美子、村上晃、矢崎信也、安原邦博、山下江、山崎博幸、山本綾子、山本勝敏、結城祐、湯山花苗、吉川拓威、吉山裕基、若林茂雄、脇山拓、鷲見圭一、渡邉宙、渡部創（敬称略）

＊右記載の方々以外にも多くの方々にご支援いただきました。

法曹養成制度改革推進会議決定に対するビギナーズ・ネット声明

２０１５年７月１５日

２０１５年6月30日、法曹養成制度改革推進会議において、「法曹養成制度改革の更なる推進について」が決定されました。そこでは、「法務省は、最高裁判所等との連携・協力の下、司法修習の実態、司法修習終了後相当期間を経た法曹の収入等の経済状況、司法制度全体に対する合理的な財政負担の在り方等を踏まえ、司法修習生に対する経済的支援の在り方を検討するものとする」とされています。

私たちはこれまで、貸与制（無給制）による経済的負担の重さから法曹志願者が減少し、その結果、司法の世界に有為な人材が集まらず、国民に対する司法サービスが低下することを危惧し、給費制の復活を求めてきました。この度、政府が「貸与制維持」という従来の方針をようやく転換し、司法修習生に対する経済的支援の在り方を検討するという方針を打ち出したことは、法曹志願者の経済的負担の軽減に向けた一歩として評価することができます。

また、国会議員の間にも司法修習生に対する給費の実現を求める声が広がっており、本年６月３日に開催された院内意見交換会には全ての主要政党から過去最多の国会議員にご参加をいただきました。

もっとも、既に法曹志願者は激減しており、志を持った法曹志願者が経済的な事情によって法曹への道を断念する事態が日々生じています。そして、今この時も、経済的な不安の中で修習を行っている司法修習生がいます。これ以上、議論や検討に長い時間をかけることなく、早急に結論を出すことが必要です。

私たちビギナーズ・ネットは、法務省及び最高裁判所に対し、直ちに検討を開始し結論を出すこと、及び、国会に対し、今秋の臨時国会において裁判所法を改正し司法修習生に対する給費制を復活させることを強く求めます。

ビギナーズ・ネット

大学生、法科大学院生、同修了生、予備試験受験生、司法修習生、若手弁護士　一同

◇ビギナーズ・ネットの活動と政治の動き

【平成22年】

6月10日　ビギナーズ・ネット設立（会員60人）

7月〜9月　全国各地での弁護士会主催の市民集会にビギナーズが参加・発言。京都や名古屋の法科大学院で集会を開催・街頭アピールや署名活動。

9月13日　与党民主党法務部門会議で給費制維持の方針が確認される。

9月16日　東京大パレード（2500人参加）・院内集会。

9月29日　院内集会・給費制維持を求める請願署名67万筆余りを提出。

11月1日　（貸与制導入の裁判所法施行日）給費制維持を求める声明を発表（ビギナーズ会員1000人突破）。

11月中　各地で司法修習予定者が記者会見、街頭宣伝、国会議員へ陳情等。

11月26日　貸与制導入を一年延期する裁判所法改正案が成立。各地で記者会見→これにより、貸与制の予定だった新第64期修習生と現行65期は給費制に！

【平成23年】

2月〜　恒久的給費制を求め国会議員への陳情開始（随時）。

5月〜　各地で市民集会、国会議員への陳情、街頭宣伝。

5月13日　政府が「法曹養成に関するフォーラム」設置を発表。

6・7月　法曹養成フォーラムの委員と面会して陳情。

8月23日　民主党法曹養成検討ＰＴが給費制継続のとりまとめ。

8月31日　法曹養成フォーラムが貸与制移行のとりまとめ。

10月20日　臨時国会開会にあわせ、朝のあいさつ運動開始。

10月24日　民主党法務部門会議で圧倒的多数の議員が給費制維持の意見・院内集会。

11月中　各地で新第65期司法修習予定者が記者会見、国会議員への陳情等。

11月15日　早急に給費制維持の結論を求めるべく院内集会。

11月28日　新第65期司法修習生が貸与制（＝無給制）のもとで修習開始。

12月2日　衆議院法務委員会に裁判所法改正案が提出される。

12月9日　国会閉会→裁判所法改正案は継続審議。議員会館前で集会。

＊　3・4月は東日本大震災の影響により活動中止・自粛

【平成24年】

1月〜　給費制の新第64期、貸与制の新第65期へのアンケート開始。

1月24日〜　国会議員会館前でのあいさつ運動開始（アンケート結果配布）。

2月21日　東京で市民集会・記者会見・国会議員への集中陳情。

4月3日　給費制復活に向けた裁判所法改正を求める声明発表。

6月頃　ビギナーズ会員2000人突破。

7月27日　貸与制前提で返済猶予に関する裁判所法改正案が成立。ただし、付帯決議で司法修習生の経済的支援につき検討することに。

8月12日　法曹養成制度関係閣僚会議・同検討会議設置。

8月下旬　検討会議の委員構成に抗議する声明発表。その後、検討会議委員と面会して陳情（全員とはアポとれず）。

9〜11月　全国各地で市民集会。

11月中　各地で第66期司法修習予定者が記者会見。国会議員への陳情等。

12月21日　周防正行監督と共に法律家の育て方を考える市民集会（東京）。

12月末頃　各地で貸与制での司法修習を終えた新第65期が記者会見。

【平成25年】
国会会期中のあいさつ運動・国会議員への陳情は随時。
4月16日 院内集会。
6月3〜5日 連日大人数でのあいさつ運動・国家議員への集中陳情。
6月4日 検討会議の最終とりまとめに給費制復活を求める声明発表。
6月5日 院内集会。
6月11日 公明党の法曹養成に関するプロジェクトチームが提言発表。
6月18日 自民党の司法制度調査会が法曹養成制度について中間提言発表。
6月26日 法曹養成制度検討会議が貸与制を前提とするとりまとめ。
7月16日 法曹養成制度関係閣僚会議が検討会議と同様の決定。ただし、2年以内に残された法曹養成制度の課題を検討すべきと決定。
7月17日 検討会議のとりまとめおよび閣僚会議決定に抗議する声明発表。
9月17日 法曹養成制度改革推進会議・法曹養成制度改革顧問会議設置。
8〜12月 全国各地で市民集会・院内集会。

【平成26年】
国会会期中のあいさつ運動・国会議員への陳情は随時。特に政党により早期の給費制復活の提言がなされるよう議員要請に注力。
1月30日 院内集会（団体署名賛同者（日本医師会会長等）よりメッセージ）。
2月中 昨年10月から始めた団体署名の賛同団体が2100筆以上に。
4月15日 院内集会（国会議員本人21名・秘書による代理出席40名）。
6月17日 院内集会（国会議員本人14名・秘書による代理出席40名）。
7〜11月 全国各地で市民集会。
10月14日 院内集会（国会議員本人17名・秘書による代理出席42名）。
11月21日 早期の給費制復活を求める声明を発表。

【平成27年】
国会会期中のあいさつ運動・国会議員への陳情は随時。
1月〜 国会議員からの給費制復活への賛同メッセージ集めを開始。
2月18日 院内集会（国会議員本人34名・秘書による代理出席89名）。
6月3日 院内集会（国会議員本人49名・秘書による代理出席80名）。国会議員への集中陳情。
6月30日 法曹養成制度改革推進会議決定により、貸与制を前提としない司法修習生への経済的支援の在り方を検討するとの決定。
7月15日 推進会議決定を受け声明発表。
7〜8月 「漫画で給費制復活の必要性を訴えたい！」とクラウドファンディングを実施。
9〜11月 全国各地で市民集会。
11月17日 院内集会（国会議員本人24名・秘書による代理出席84名）。

【平成28年】
2月2日〜 今年も元気にあいさつ運動開始。
2月9日 院内集会（国会議員本人31名・秘書による代理出席55名）。出席した国会議員より「今国会での給費制復活を」との発言多数。
3月28日現在 給費制復活に向けて頑張っています！

＊「院内集会」とは、東京の国会議員会館の中で行う国会議員向けの集会のこと
＊院内集会と東京大パレードはすべて弁護士会・市民連絡会と共催。各地の市民集会は地元弁護士会等と共催。署名やメッセージ集めは弁護士会・市民連絡会と共催
＊国会議員への陳情は、ビギナーズ・ネット単独ないし弁護士会と共同で実施

GENJIN
ブックレット
63

ベンゴマン
お金持ちじゃないと法律家になれない!?

2016年4月8日　第1版第1刷　発行

編　／ビギナーズ・ネット
画　／矢島光
発行人／成澤壽信
編集人／齋藤拓哉
発行所／株式会社現代人文社
〒160-0004 東京都新宿区四谷2-10 八ツ橋ビル7階
Tel: 03-5379-0307 Fax: 03-5379-5388 Web: www.genjin.jp
E-mail: henshu@genjin.jp(編集) hanbai@genjin.jp(販売)
発売所／株式会社大学図書
印刷所／株式会社ミツワ
装　幀／Malpu Design(宮崎萌美)
検印省略 Printed in Japan　ISBN978-4-87798-638-4　C0036